职业教育国家在线精品课程配套教材
国家职业教育城市轨道交通专业教学资源库配套教材
职业教育·城市轨道交通类专业教材

# 城市轨道交通站台门系统运行与维护

曲秋莳　沈丽琴　主　编
李晓红　卢泽泉　刘金梅　副主编
谭铁仁　许旺土　主　审

（第2版）

人民交通出版社
北　京

## 内 容 提 要

本教材是职业教育国家在线精品课程配套教材、国家职业教育城市轨道交通专业教学资源库配套教材、职业教育城市轨道交通类专业教材,同时是城市轨道交通机电技术专业核心课教材。本教材根据国家专业教学标准,面向城市轨道交通类专业群编写,主要内容包括认识城市轨道交通站台门系统、站台门机械系统、站台门机械系统检修、站台门控制系统的操作与应急处理、站台门监控与电源系统、站台门电气系统检修、站台门系统常见故障处理等。

本教材适用于职业院校城市轨道交通机电技术、运营、车辆、通信信号等专业学生对站台门系统进行基本了解与操作,也适用于城市轨道交通站台门检修人员技能训练。

\* 为便于教学,本教材配多媒体教学课件,任课教师可通过加入"职教轨道教学研讨群"(教师专用 **QQ 群号:129327355**)获取。

### 图书在版编目(CIP)数据

城市轨道交通站台门系统运行与维护 / 曲秋莳,沈丽琴主编. — 2 版. — 北京:人民交通出版社股份有限公司,2025.1. — ISBN 978-7-114-18981-4

Ⅰ. U239.54

中国国家版本馆 CIP 数据核字第 20259GZ486 号

职业教育国家在线精品课程配套教材
国家职业教育城市轨道交通专业教学资源库配套教材
职业教育·城市轨道交通类专业教材
Chengshi Guidao Jiaotong Zhantaimen Xitong Yunxing yu Weihu

| | |
|---|---|
| 书　名: | 城市轨道交通站台门系统运行与维护(第 2 版) |
| 著 作 者: | 曲秋莳　沈丽琴 |
| 责任编辑: | 杨　思 |
| 责任校对: | 龙　雪 |
| 责任印制: | 张　凯 |
| 出版发行: | 人民交通出版社 |
| 地　址: | (100011)北京市朝阳区安定门外外馆斜街 3 号 |
| 网　址: | http://www.ccpcl.com.cn |
| 销售电话: | (010)85285911 |
| 总 经 销: | 人民交通出版社发行部 |
| 经　销: | 各地新华书店 |
| 印　刷: | 北京印匠彩色印刷有限公司 |
| 开　本: | 787×1092　1/16 |
| 印　张: | 13 |
| 字　数: | 313 千 |
| 版　次: | 2020 年 8 月　第 1 版<br>2025 年 1 月　第 2 版 |
| 印　次: | 2025 年 1 月　第 2 版　第 1 次印刷　总计第 6 次印刷 |
| 书　号: | ISBN 978-7-114-18981-4 |
| 定　价: | 45.00 元 |

(有印刷、装订质量问题的图书,由本社负责调换)

# 第2版前言
## PREFACE

【修订背景】

本教材根据教育部最新专业教学标准、站台门行业标准、地铁相关规范进行修订。编写团队基于职业教育国家在线精品课程的建设经验,在校企深度合作开展教学改革与多年教学实践的基础上,全面修订更新教材。教材自2020年第一版出版以来,得到普遍认可,在教育教学实践中反映良好,提高了教学水平和教育质量。

在第一版教材基础上,新版教材结合有关文件制定经验,针对当前职业教育发展和城市轨道交通行业发展新技术、新应用而编写。由于站台门相关教材在市场上较少,因此本教材内容参考了行业标准、公司内部培训资料、地铁公司工作流程等。

【教材特色】

(1)工作任务式新型教材。在修订过程中突破以往教科书式的编写模式,内容上更注重理论与实际操作相结合,采用了"理论知识+学习任务+实训工作页"的模式。新版教材更加强调以学生为中心,理实一体化教学,突出职业教育培训的特点,采用基于工作任务导向的"模块—项目—任务"创新编写模式,实现"专业设置与产业需求对接、课程内容与职业标准对接、教学过程与生产过程对接",编写内容方面根据设计各学习任务的特点,采用多种适应性教学设计,满足多样化教学需要。

(2)新版教材内容更贴近企业实际。以全国目前先进设备、典型案例来充实本教材的知识点,主要使用了南京康尼机电股份有限公司与北京天乐泰力科技发展有限公司的设备对站台门的结构、系统、操作、维护检修、故障处置等部分进行介绍。两家公司的设备是国内具有代表性、差异性的设备,保证了教材讲解的完整和准确。为了方便教学,项目结束后学生可通过实训工作页进行实操与知识考核,从而及时检查学习效果。

(3)强强联合的编写团队。教材修订全程体现了"工学结合、校企合作"的理念,由地铁专家、站台门公司工程师、全国不同区域和不同院校的专业教师学者全面参与编审,提高教材的质量。

(4) 模块化教学针对性更强。由于站台门的特殊性，其与运营、车辆、通信信号、机电等专业均有很强的相关性，因此教材内容在分析了以上专业岗位的基础上，以企业的主要工作内容展开，面向城市轨道交通专业群学生与城市轨道交通相关工作人员和兴趣爱好者进行编写。在教学设计上，本教材在每个模块前进行了学习者类别的标注，方便学生进行深层次的学习；在内容上，为了与企业更贴近，体现职业教育的特点，调研和参照了相关企业的工作流程。

(5) 教材资源丰富实用。教材配有的课程资源均来自"国家级城市轨道交通专业教学资源库——SPOC 与 MOOC 城市轨道交通站台门系统运行与维护"(版权归资源库项目所有)。该课程被评为2022年职业教育国家在线精品课程。该课程主要包括部分实物图片、教学视频、动画与虚拟仿真，可辅助教师运用信息化素材丰富授课形式，实现校内校外、线上线下学习模式的有机结合，可支持翻转课堂的授课方式。如对内容有更深层次需求，推荐读者直接进入 www.icve.com.cn，选择城市轨道交通站台门系统运行与维护标准课与 MOOC 学习。

在修订过程中，我们发现站台门品牌较多，不同公司的管理制度与处理流程略有不同，面对这样的问题，本教材为了求同存异，以让学生学到知识为出发点，选择最具有代表性的设备与管理办法展开描述。在此，也提醒读者注意在使用本教材的过程中可以适当补充您所在城市地铁公司的相关内容，以增强知识的针对性。

## 【编写团队】

本教材由北京交通运输职业学院曲秋莳、南京交通职业技术学院沈丽琴担任主编，北京市地铁运营有限公司机电分公司谭铁仁、厦门大学许旺土担任主审，吉林交通职业技术学院李晓红、北京市地铁运营有限公司机电分公司卢泽泉、北京交通运输职业学院刘金梅担任副主编。

具体编写分工如下：模块一由吉林交通职业技术学院李晓红与王珂共同编写；模块二由南京交通职业技术学院沈丽琴与石玉香共同编写；模块三由南京交通职业技术学院沈丽琴与广东交通职业技术学院齐群共同编写；模块四由北京交通运输职业学院曲秋莳与刘金梅共同编写；模块五由北京交通运输职业学院王小娟与陕西交通职业技术学院王宁共同编写；模块六由北京交通运输职业学院曲秋莳与胡经纬共同编写；模块七由北京市地铁运营有限公司机电分公司卢泽泉与闻典共同编写。本教材由北京交通运输职业学院曲秋莳统稿。

由于城市轨道交通站台门系统设备发展与更新速度快，资料搜集较为困难，加之编写人员水平和实践经验的局限性，书中疏漏之处在所难免，敬请读者批评指正。

作 者
2024 年 7 月

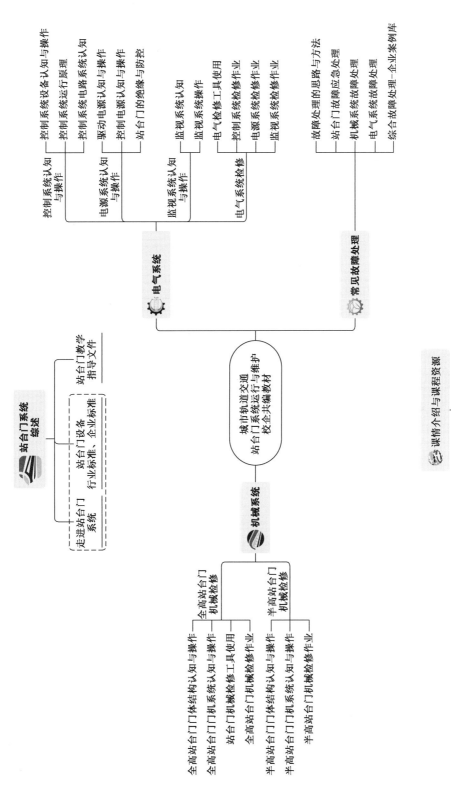

# 配套资源列表

| 序号 | 资源名称 |
|---|---|
| 1 | 走进站台门 |
| 2 | 站台门整体结构 |
| 3 | 站台门的基本组成 |
| 4 | 站台门布局 |
| 5 | 站台门门体系统讲解一 |
| 6 | 滑动门门体结构详解 |
| 7 | 站台门门体系统讲解二 |
| 8 | 门机系统讲解一 |
| 9 | 站台门门体与门机 |
| 10 | 门机系统讲解二 |
| 11 | 门机系统讲解三 |
| 12 | 全高站台门门机系统检修 |
| 13 | 半高站台门门体 |
| 14 | 半高站台门门机系统 |
| 15 | 门机DCU的结构与操作 |
| 16 | 站台门机械部分的日常检查 |
| 17 | 半高门机械检修作业 |
| 18 | 控制系统概述 |
| 19 | 站台门系统级——信号系统控制 |
| 20 | 站台门系统级控制讲解 |
| 21 | 站台门PSL控制(合肥地铁) |
| 22 | 站台级控制操作 |
| 23 | 紧急级控制操作 |
| 24 | 就地级控制操作 |

续上表

| 序号 | 资源名称 |
|---|---|
| 25 | 控制系统阶段总结 |
| 26 | 监控系统任务 |
| 27 | 监视系统界面介绍 |
| 28 | PSA 监控系统讲解 |
| 29 | 站台门电源系统讲解 |
| 30 | 电源系统柜体介绍 |
| 31 | 驱动电源系统讲解 |
| 32 | 站台门驱动电源原理图介绍 |
| 33 | 控制电源系统讲解 |
| 34 | 站台门的绝缘 |
| 35 | 电源模板更换 |
| 36 | 站台门 PSC 内部结构详细讲解 |
| 37 | PSC 电气原理图——SIG 开关门命令回路动画展示 |
| 38 | PSC 电气原理图——SIG 开关门命令回路讲解 |
| 39 | 控制系统原理图一 |
| 40 | 控制系统原理图二 |
| 41 | 关闭锁紧回路(安全回路)原理讲解 |
| 42 | PSC 柜电气原理图——PSL 原理图 |
| 43 | 开关门命令回路——读图方法 |
| 44 | PSC 柜电气原理图 IBP 原理图 |
| 45 | 电气控制系统检修 |
| 46 | PSC 柜电气检修 |
| 47 | 电源系统开关与基本维护操作 |
| 48 | 站台门常见故障——开锁故障 |
| 49 | 单个门体故障诊断办法 |
| 50 | 其他控制与监视设备检修 |
| 51 | 电源系统电气检修 |

国家职业教育
智慧职教平台

# 目录 CONTENTS

**模块一　认识城市轨道交通站台门系统** ……………………………… 1
　项目一　站台门系统概述 ……………………………………………… 2
　　学习任务一　站台门功能 …………………………………………… 2
　　学习任务二　站台门分类 …………………………………………… 5
　　学习任务三　站台门主要构成 ……………………………………… 7
　项目二　站台门系统发展 ……………………………………………… 9
　　学习任务一　国内站台门系统发展 ………………………………… 9
　　学习任务二　国外站台门系统发展 ………………………………… 10
　　学习任务三　新型站台门系统 ……………………………………… 11

**模块二　站台门机械系统** ……………………………………………… 13
　项目一　全高站台门门体结构 ………………………………………… 14
　　学习任务一　全高站台门门体系统认知与操作 …………………… 15
　　学习任务二　全高站台门承重结构 ………………………………… 23
　　学习任务三　全高站台门其他门体设备 …………………………… 24
　项目二　全高站台门门机系统 ………………………………………… 26
　　学习任务一　门机系统组成 ………………………………………… 26
　　学习任务二　驱动与传动装置结构 ………………………………… 27
　　学习任务三　锁紧装置结构 ………………………………………… 30
　　学习任务四　DCU 组成 ……………………………………………… 32
　项目三　半高站台门门体结构 ………………………………………… 36
　　学习任务一　半高站台门门体认知与操作 ………………………… 36
　　学习任务二　半高站台门承重结构 ………………………………… 39
　　学习任务三　半高站台门其他门体设备 …………………………… 40
　项目四　半高站台门门机系统 ………………………………………… 41
　　学习任务一　门机系统组成 ………………………………………… 41
　　学习任务二　驱动与传动装置结构 ………………………………… 42

  学习任务三 锁紧装置与盲区检测 ·················· 44
  学习任务四 门机控制单元组成 ······················ 47

## 模块三 站台门机械系统检修 ······························ 51
 项目一 站台门机械检修 ··································· 52
  学习任务一 站台门机械检修规程 ···················· 52
  学习任务二 站台门机械检修作业 ···················· 54
 项目二 站台门零部件更换 ································ 60
  学习任务一 紧固件紧固 ································ 60
  学习任务二 滑动门胶条更换 ··························· 61
  学习任务三 驱动电动机更换 ··························· 62
  学习任务四 传动与悬挂装置更换 ···················· 63
  学习任务五 滑动门锁紧装置更换 ···················· 65
  学习任务六 门状态指示灯更换 ······················ 67

## 模块四 站台门控制系统的操作与应急处理 ··············· 69
 项目一 站台门控制系统认知与操作 ····················· 70
  学习任务一 控制系统的认知 ··························· 70
  学习任务二 控制系统的操作 ··························· 77
 项目二 站台门故障应急处理 ······························ 82
  学习任务一 单扇门不能开关的应急处理 ············ 82
  学习任务二 多扇门不能开启的应急处理 ············ 83
  学习任务三 多扇门不能关闭的应急处理 ············ 83
  学习任务四 站台门破碎或破裂的应急处理 ········· 84

## 模块五 站台门监控与电源系统 ···························· 85
 项目一 站台门监控系统 ···································· 86
  学习任务一 监控系统认知 ····························· 86
  学习任务二 监控系统运行与操作 ···················· 87
  学习任务三 监控系统的权限设置作业 ·············· 91
 项目二 站台门电源系统 ···································· 92
  学习任务一 电源系统认知 ····························· 92
  学习任务二 驱动电源系统的运行 ···················· 93
  学习任务三 控制电源系统的运行 ···················· 98
  学习任务四 站台门系统的绝缘 ······················ 100

## 模块六 站台门电气系统检修 ································ 103
 项目一 站台门控制系统运行原理 ························ 104
  学习任务一 站台门 PSC 内部结构认知 ············ 104
  学习任务二 命令回路与关闭锁紧回路运行原理 ··· 109
  学习任务三 PSL 与 IBP 控制电路运行原理 ······ 115
  学习任务四 站台门与其他系统接口与运行原理 ··· 122
  学习任务五 控制系统运行原理总结 ················· 123

  项目二 站台门电气系统检修作业 ································· 124
    学习任务一 控制与监视系统检修作业 ······················· 125
    学习任务二 电源系统检修作业 ································· 129
 模块七 站台门系统常见故障处理 ············································ 131
  项目一 站台门系统常见故障认知 ········································ 132
    学习任务一 站台门系统故障分布 ······························ 132
    学习任务二 站台门系统故障处理流程 ······················· 134
  项目二 站台门常见机械故障处理 ········································ 135
    学习任务一 站台门机械类故障诊断思路 ··················· 135
    学习任务二 滑动门机械类故障处理 ··························· 136
    学习任务三 应急门/端门机械类故障处理 ··················· 137
    学习任务四 其他机械类故障处理 ······························ 138
  项目三 站台门常见电气故障处理 ········································ 139
    学习任务一 单扇门电气故障处理 ······························ 139
    学习任务二 整侧门电气故障处理 ······························ 142
  项目四 企业典型故障处理案例 ············································ 144
    学习任务一 PSL互锁解除故障处理案例 ····················· 144
    学习任务二 电源系统故障处理案例 ··························· 150
**附录** ························································································· 154
 附录1 站台门常用术语 ······················································· 154
 附录2 《轨道交通 站台门电气系统》(GB/T 36284—2018) ···· 155
 附录3 《城市轨道交通站台屏蔽门》(CJ/T 236—2022) ··········· 155
**参考文献** ··················································································· 156
**配套实训工作页** ········································································· 157
 实训一 城市轨道交通站台门类型认知工作页 ······················· 157
 实训二 国内、外城市轨道交通站台门系统发展认知工作页 ···· 159
 实训三 全高站台门门体结构实训工作页 ······························ 161
 实训四 全高站台门门机系统实训工作页 ······························ 163
 实训五 半高站台门门体结构实训工作页 ······························ 165
 实训六 半高站台门门机系统实训工作页 ······························ 167
 实训七 站台门机械系统检修实训工作页 ······························ 169
 实训八 站台门控制系统操作实训工作页 ······························ 175
 实训九 站台门应急处置实训工作页 ········································ 177
 实训十 站台门电源系统实训工作页 ········································ 183
 实训十一 站台门控制系统电路实训工作页 ··························· 185
 实训十二 站台门控制系统检修操作实训工作页 ··················· 187
 实训十三 站台门单扇门故障处理实训工作页 ····················· 189
 实训十四 站台门故障处理实训工作页 ··································· 191

# 模块一

# 认识城市轨道交通站台门系统

## 学习目标

(1) 熟悉站台门系统的发展历程。
适用岗位：运营类岗位，站台门检修初级工。
(2) 掌握站台门系统的功能。
适用岗位：运营类岗位，站台门检修初级工。
(3) 掌握站台门系统的不同分类。
适用岗位：运营类岗位，站台门检修初级工。

## 建议学时

4学时。

## 知识体系与任务关系图

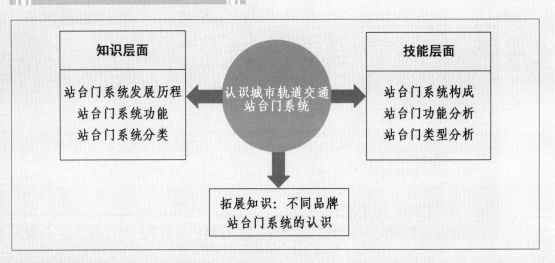

## 提示

站台门品牌不同，设备的名称与形式略有差别，不同城市轨道交通公司设备的处理流程也略有差异。在学习的过程中，抓住核心与重点，无须纠结于具体样式。

# 项目一　站台门系统概述

## 学习任务一　站台门功能

> **情境思考**
>
> 同学们乘坐地铁时有没有注意过站台和轨道间的玻璃幕门呢？大家了解它的布置形式吗？为了维护良好的乘车环境，乘客应遵守哪些乘车规则呢？作为检修工，应如何规范操作站台门呢？

走进站台门

站台门整体结构

城市轨道交通站台门(或称屏蔽门)系统是指安装在车站站台边缘,将行车的轨道区与站台候车区隔开,设有与列车门对应、可多级控制开启与关闭的滑动门(ASD)的连续屏障。它是一项集建筑、机械、材料、电子和信息等学科于一体的高科技产品,站台门系统在列车到达和出发时可自动开启和关闭。城市轨道交通站台门布置图如图1-1所示。

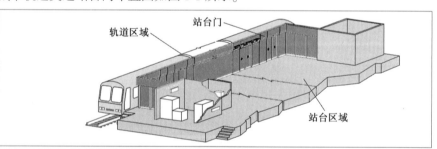

● 图1-1　城市轨道交通站台门布置图

城市轨道交通车站的站台按照形式可分为岛式站台、侧式站台和岛侧混合式站台。

岛式站台共布置两侧站台门系统,包括与列车门对应的滑动门(ASD)、固定门(FIX)、应急门(EED)、端门(MSD)、站台门设备室和2个就地控制盘(PSL),如图1-2所示。

侧式站台共布置两侧站台门系统,包括与列车门对应的滑动门、固定门、应急门、端门、站台门设备室和2个PSL,如图1-3所示。

岛侧混合式站台不论是一岛两侧式还是两岛式,一般都是共布置四侧站台门系统,包括与列车门对应的滑动门、固定门、应急门、端门、站台门设备室(当有不同系统并行时需2个站台门设备室)和4个PSL。图1-4所示为两岛式站台门布置图。

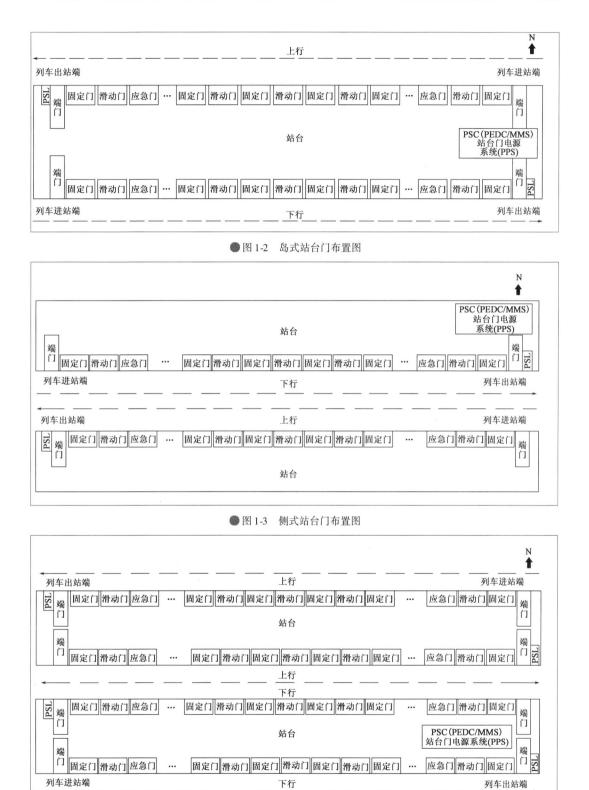

● 图 1-2 岛式站台门布置图

● 图 1-3 侧式站台门布置图

● 图 1-4 两岛式站台门布置图

情境思考

你认为城市轨道交通站台门的作用是什么?为实现"十四五"规划中的"双碳"目标,站台门发挥了哪些作用?

地铁站台门的安装不仅保障了列车运行、乘客进出站时的安全,还有效地减少了空气对流造成的站台冷、热气的流失,降低了列车运行产生的噪声对车站的影响,提供了舒适的候车环境,具有安全、节能、环保、节约运营成本、美观等功能。

### 1. 安全

以人为本,确保乘客的人身安全。地铁列车在隧道内运行时会产生强烈的活塞效应,进入站台时会给站台候车的乘客带来被活塞风吹吸的危险,装设站台门后,在站台与隧道之间进行隔离解决了这一问题。并且,当列车停靠站台,列车门与站台门完全对正时,站台门同时打开,以便乘客上、下车,避免候车人员及物品跌落站台轨道的危险。另外,站台门上还安装了探测各种障碍物的传感器,一旦有障碍物存在,传感器发出的信号将使站台门做再开闭机构动作,这样可以有效地减少列车门夹人、夹物的事故。

### 2. 节能

节能,体现"绿色交通"的可持续发展。设置站台门系统后,车站空间与列车运行空间完全隔开,避免了大量空调冷气进入隧道,减少了列车制动时所散发的热量进入候车区,并减少了站台出、入口由于列车活塞作用吸入大量新风所形成的冷负荷,降低了环控系统的运营能耗及设备容量,相应地减少了空调机房的土建面积及投资。数据表明,地铁站台门系统使空调设备的冷负荷减少35%以上,环控机房的建筑面积减少约50%,空调电耗降低约30%,有明显的节能效果。

### 3. 环保

列车行驶时会产生噪声。安装站台门系统之后,站台门在站台和轨道之间形成一个物理屏障,可以大大降低地铁候车区的噪声,给乘客提供一个更加舒适、安静的候车环境。数据表明,闭式站台门能够降低20~25dB的噪声值,开式站台门能够降低10~15dB的噪声值。

### 4. 节约运营成本

在有些乘客不多的车站,安装站台门后,可以减少甚至不需要站台接车人员,这将减少地铁的日常运营管理费用。例如,日本由于人力资源成本较高,因此在一些地铁车站安装站台门,可以大大节省人工成本。

### 5. 美观

采用站台门后,乘客们能够舒适、安全地候车,直接感受到人文关怀。另外,站台门系统是一种新型装置,自动化程度高,能够增加乘客的安全感,对于塑造城市的形象也很有帮助。

综上所述，站台门因其具备多种功能被广泛应用。也正因如此，站台门成为列车与乘客之间的一个安全屏障，但是，也存在一定的安全隐患。乘客、设备、工作人员等因素导致的站台门事故时有发生，因此作为地铁工作人员，掌握站台门操作及维护检修技能意义重大。

为了安全，站台门有一重要特性，即任一门体异常时，列车会自动紧急制动以保证乘客安全。

你知道哪些站台门事故？请与老师、同学交流一下。作为站台门检修工，应具备哪些专业素养？

你对站台门有多少认识呢？这些被誉为"敬业门"的站台守护者，它们扮演着哪些重要角色？站台门分为哪些不同的类型？为何在站台门的设计中会有半高开式和全高开式的区别呢？

# 学习任务二　站台门分类

站台门系统设置在车站有效站台长度范围内，以有效站台中心线为中心，向站台两端对称布置。站台门布置在站台边，其滑动门与列车每节车厢的车门——对应。列车驾驶室门在正常停车的情况下处于站台门端门以外，并保证在列车停车精度为±300mm的情况下，列车驾驶室门的全开不会受到阻碍。站台门在正常运营时能方便乘客上、下车，在故障或灾害运营时能保证乘客安全地疏散。站台门可从结构形式、安装方式及门体使用材料上进行分类。

1. 从结构形式上分类

从结构形式上分类，站台门可分为全高闭式站台门、全高开式站台门和半高开式站台门。其中，全高开式站台门和半高开式站台门通常被称为"安全门"，全高闭式站台门通常被称为"站台门"。

全高闭式站台门是一道自上而下的玻璃隔墙和滑动门，门体结构超过人体高度，沿着车站站台边缘和两端头设置，把站台乘客候车区域与列车进站停靠区域分隔开，如图1-5所示。这种站台门高度一般为2.8~3.2m，主要应用于城市轨道交通设有空调系统的地铁车站，主要功能是增加安全性、降低能耗以及加强环境保护。

全高开式站台门是一道上不封顶的玻璃隔墙和滑动门，仅在近天花板处留一道缝隙。它虽然把站台乘客候车区域与列车进站停靠区域分隔开，但是可以允许候车区域与停靠区域之间有空气对流的通道，如图1-6所示。这种站台门高度一般也为2.8~3.2m，主要应用于城市轨道交通没有空调系统的地铁车站，主要功能是增加安全性、阻挡列车进出站气流对乘客造成的影响。

● 图1-5　全高闭式站台门

● 图1-6　全高开式站台门

● 图1-7　半高开始站台门

半高开式站台门是一道上不封顶的玻璃隔墙和滑动门或不锈钢篱笆门，门体结构不超过人体高度，一般高度为1.2~1.5m，如图1-7所示。半高开式站台门主要安装于城市轨道交通的地面站或高架站，相对全高开式站台门来说，主要起隔离作用，保障了站台候车乘客的安全，同时也起到一定的降噪作用。

**2. 从安装方式上分类**

从安装方式上分类，站台门可分为顶部悬挂式站台门、底部支承式站台门、底部支承与顶部悬挂相结合式站台门。

顶部悬挂式站台门在早期应用较为广泛，整列站台门的重力荷载通过门体上方横梁、立柱传到站厅底板，由上部结构承受。站台门下部边缘与站台之间设有吸收主体建筑不均匀沉降的间隙，在运营时需定期检查、调整，这将带来较大的维护工作量。另外，若调整不及时，土建结构沉降产生的作用力可能会直接作用在站台门结构上，形成永久变形。因此，这种站台门已较少使用。

底部支承式站台门的特点是站台门的设计安装以轨道顶面为基准，所有垂直荷载通过横梁、立柱传到站台板上。其主体结构的不均匀沉降由站台门上方的伸缩结构吸收，在运营时无须调整。这种站台门目前得到普遍采用。

底部支承与顶部悬挂相结合式站台门多用在上部结构安装部位无主体结构梁，且站台距站厅底板较高的站台门工程中。站台门顶部设计有钢结构，顶部钢结构重力荷载由站厅底板承受。站台门重力荷载通过立柱等构件传给站台板。这种站台门多用于旧线改造工程。

**3. 从门体使用材料上分类**

从门体使用材料上分类，站台门可分为铝合金站台门和不锈钢站台门。英国银禧线上的站台门采用铝合金站台门，我国港铁将军澳线上的站台门采用不锈钢站台门，如图1-8所示。

● 图 1-8　我国港铁将军澳线上的站台门

# 学习任务三　站台门主要构成

站台门是城市轨道交通站台上的重要车站设备,主要分为机械部分和电气控制部分。其中,机械部分主要包括各种门体结构、门机驱动系统,主要分布在站台边缘,是站台门的具体动作部件;电气控制部分主要包括控制系统、监视系统以及电源系统[包括不间断电源(UPS)、配电屏、蓄电池等],如图 1-9 所示。

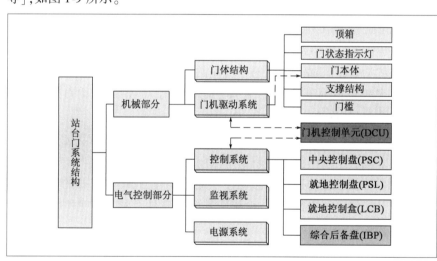

站台门的基本组成

● 图 1-9　站台门系统框图

站台门各部分分布较为分散,如图 1-10 所示,主要分布在如下区域:站台层两侧的站台门设备房、车站的综控室、门体顶箱内部以及个别车站站台监控亭。

门机驱动系统是由驱动机构、传动机构、悬挂机构、锁定解锁机构组成。电机在门机控制单元(DCU,也称门控器)的控制下,通过螺杆或皮带传动来实现滑动门的开关运动。

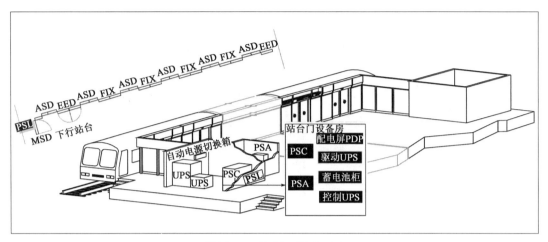

● 图 1-10 站台门系统布置图

站台门控制系统设备由中央控制盘(PSC)、远程监视设备(PSA)、就地控制盘(PSL)、门机控制单元(DCU)、综合后备盘(IBP)、就地控制盒(LCB)组成。

PSC 是整个站台门控制系统的核心,用于收集和处理来自各个监控点的控制/状态/事件信息,并将处理后的控制/状态/事件信息传向各个监控点。

PSA 是一个远程监控站,用于监视站台门系统详细的状态信息,同时在紧急情况下提供 PSA 的紧急操作功能。

PSL 是列车司机与站台门系统交互的设备,用于在非正常状态下[如信号系统(SIG)故障等]或紧急状态下控制站台门。

DCU 是现场控制单元,执行来自 PSC 的控制命令,收集来自现场及自身的状态信息,并将此信息传向 PSC。

PSC、PSA、DCU 通过通信网络及硬线进行连接,形成一个功能完善的控制及监视系统。

控制系统将系统的控制及监视集中进行处理,系统中重要的控制命令及状态信号通过硬线进行连接,系统中其他的事件及状态信息则通过通信网络进行传递。

### 任务实施

请完成实训一,城市轨道交通站台门类型认知,见本教材配套实训工作页。

# 项目二 站台门系统发展

## 学习任务一 国内站台门系统发展

20世纪90年代,中国香港地铁根据运营实践经验,在新线建设中均采用了站台门系统,并对已运营的38个车站的3条地铁路线进行了改造,加装了站台门系统。2002年建成开通的广州地铁2号线,16个地下车站都使用了全高闭式站台门系统,成为我国第一个应用站台门系统的地铁。随后,上海、深圳、天津、北京等城市的地铁也都安装了站台门系统。2006年建成开通的广州地铁4号线安装了我国第一套地铁半高开式站台门系统。2007年建成开通的北京地铁5号线安装了全高开式站台门系统。站台门系统的安装不仅能提升地铁安全性,还能大大降低人力成本。广州地铁2号线启用站台门系统后,站内工作人员降到80人,相比其他地铁线动辄二三百人而言,大大节省了人力成本。

我国新建的地铁线路大多装有站台门系统。为了地铁乘客的安全,北京、广州、上海等城市的早期地铁线路都准备或正在改造站台以便加装站台门系统,而建设中或规划中的新线路都会全线安装站台门系统。

随着技术的发展,站台门系统逐渐实现国产化。其中,南京康尼机电股份有限公司(简称康尼机电)、方大智源科技股份有限公司和株洲嘉成科技发展股份有限公司等企业凭借先进的技术实力、丰富的市场经验和优质的产品服务,占据了市场的主导地位。

站台门系统是保障城市轨道交通智能化运营的关键装备。随着地铁站台门的普及,国内多家站台门生产企业(如株洲嘉成科技发展股份有限公司等)也逐渐打破了站台门核心技术被国外几家企业垄断的局面。深圳的方大集团、南京的康尼机电等品牌均被大范围使用,逐渐占据全国市场。从20世纪90年代到目前,我国已自主创新站台门系统智能体系,从设计、建设、施工、运维的设备全寿命周期全面融入数字化、智能化、智慧化理念,站台门设备制造方面已经进入世界先进行列,不仅成功打造了交通强国、智慧城轨,还有效保证了居民出行安全。本教材的大部分内容参照了康尼机电和北京天乐泰力科技发展有限公司的设备及产品图纸,代表了不同类型的站台门。

图1-11所示为各城市地铁安装的站台门。

a)北京地铁5号线站台门

b)上海地铁2号线站台门

c)广州地铁2号线站台门

d)长春地铁1号线站台门

● 图1-11　各城市地铁安装的站台门

# 学习任务二　国外站台门系统发展

1983年,法国自动捷运系统的里尔地铁在设计中为增强行车和乘客的安全,其生产商向瑞士的玻璃门生产商卡为站台特别订造自动滑门,里尔地铁是世界上较早安装玻璃站台门的线路。

20世纪80年代初,日本东京地铁南北线上安装了半封闭形式站台门,其主要目的是增强乘客候车时的安全性,将轨道区域与乘客候车区域分隔开,同时起到一定降低列车行驶带来的噪声作用。20世纪80年代末,在新加坡的快铁交通工程中也使用了全封闭形式的站台门,这是世界上较早的以节能为目的而设置站台门的地铁线路。站台门的使用,在增强候车乘客和行驶列车安全性的同时,也给车站尤其是站台区域的空调系统带来明显的节能效果。

20世纪90年代末,马来西亚吉隆坡轻轨交通二期工程和英国伦敦朱比利延伸线等工程都相继安装了站台门。

图1-12所示为新加坡地铁站台门,图1-13所示为日本地铁站台门。

● 图 1-12 新加坡地铁站台门

● 图 1-13 日本地铁站台门

## 学习任务三　新型站台门系统

随着城市轨道交通的快速发展,全自动无人驾驶系统已成为大力发展的方向,是城市轨道交通未来发展的重点。无人驾驶技术能使列车整个运行过程实现全自动控制,使得车辆按照优化的运行曲线进行运营,达到节能环保的目的。同时,列车不设司机,节省了人力成本。此外,全自动化运营也避免了人为操作失误导致的运营故障。

上海地铁 10 号线采用全自动无人驾驶技术(图 1-14),共 31 个地下车站,66 侧站台,1980 个门单元。该线路于 2010 年开通运营,2014 年运营正点率为 99.97%,在上海地铁全网络中故障延误率最低。

城市轨道交通通风可调型站台门(图 1-15)在站台门的上方和/或下方设有通风口,在通风口靠近轨道的一侧设置可启闭的风阀,在通风口靠近站台的一侧设有通风百叶窗,通风百叶窗的叶片截面呈弧形。由

● 图 1-14 上海地铁 10 号线

于其弧形叶片的结构牢固程度和稳定性大大高于普通的板式叶片。因此,可利用车辆进站产生的巨大活塞风对站台进行换风,同时可使站台门上的叶片不产生震动和啸叫声音,而且通过该弧形叶片可以有利于阻止空气尘埃进入站台区域,保持站台清洁。济南地铁 R1 线采用通风可调型站台门系统,经试验研究表明可以满足设计规范中对区间隧道内空气温度的要求,并能降低系统运行能耗,节约运行费用。

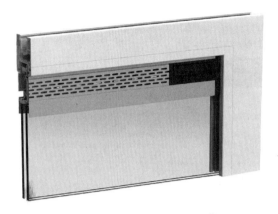 

● 图1-15　通风可调型站台门

### 任务实施

请完成实训二,国内、外城市轨道交通站台门系统发展认知,见本教材配套实训工作页。

# 模块二

# 站台门机械系统

## 学习目标

(1) 掌握站台门机械系统的组成与功能。

适用岗位：机械检修、运营类岗位，站台门检修初级工。

(2) 掌握站台门门体的手动操作。

适用岗位：机械检修、运营类岗位，站台门检修初级工。

(3) 掌握站台门实操技能并通过考核。

## 建议学时

16学时。

## 知识体系与任务关系图

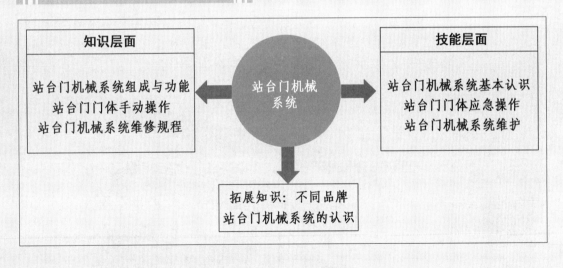

# 项目一　全高站台门门体结构

**情境思考**

地铁站台门为乘客提供了一道安全屏障,那么,全高站台门通常安装于地面站、高架站还是地下站呢?全高站台门由哪些结构组成?

本项目将对全高站台门的门体结构组成、门机系统结构原理进行系统介绍。全高站台门通常安装于地下站。

全高站台门系统由机械和电气两部分构成,机械部分包括门体结构和门机系统,电气部分包括电源系统、控制与监视系统。站台门组成如图2-1所示。

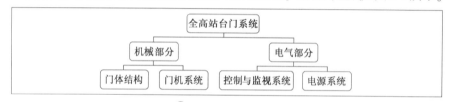

● 图2-1　站台门组成

全高站台门系统的门体结构为整体式结构,主要由承重结构、滑动门、应急门、固定门、端门、门槛、维护罩、固定板、后密封板和门槛等组成。靠近端门两侧的滑动门为非标准滑动门,其余为标准滑动门。图2-2所示为全高站台门结构组成。

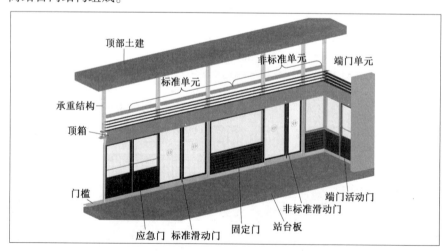

● 图2-2　全高站台门结构组成

全高站台门单个门体结构主要由顶箱、门状态指示灯、支撑结构、门本体、踢脚板、门槛等部分组成,如图 2-3 所示。

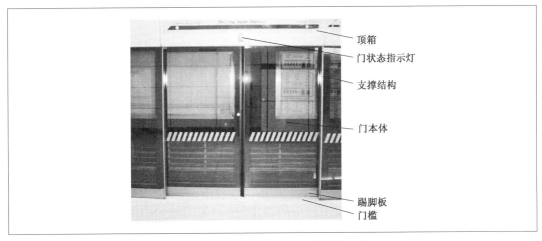

● 图 2-3　全高站台门单个门体结构组成

# 学习任务一　全高站台门门体系统认知与操作

1. 滑动门

滑动门的布置与地铁列车的乘客门———对应,滑动门打开时供乘客上、下车,滑动门关闭时作为站台公共区域与轨道区域的一道安全屏障。为了保证司机正常上、下车,以 6 节编组 B 型车为例,第 1 号、第 24 号门单元的滑动门设置为不对称双开门,为非标准型,全开形成的通道规格为 1660mm(宽)×2150mm(高)。其他单元为标准滑动门,均为对称双开门,全开形成的通道规格为 1900mm(宽)×2150mm(高)。

滑动门门扇结构包括框架、下导轨、玻璃、前挡密封胶条、手动解锁装置(一般安装于右门)、防踏斜面板等零部件。滑动门门扇下部的防踏斜面板,可以防止乘客夹在站台门和列车门之间。滑动门门扇通过承载小车悬挂在机械导轨上,并通过拨叉与螺母副相连。滑动门结构如图 2-4 所示,滑动门门扇结构如图 2-5 所示。

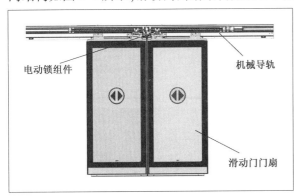

● 图 2-4　滑动门结构

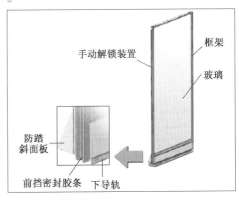

● 图 2-5　滑动门门扇结构

> **实践观察**
>
> 轨道侧、站台侧的紧急解锁装置如何触发电磁锁的紧急解锁动作？请仔细观察实训设备的门体内牵拉钢丝绳。

滑动门在轨道侧设有手动解锁装置,在电源供应或控制系统出现故障导致滑动门不能自动打开时,乘客可从轨道侧压紧手动解锁装置的把手,通过手动解锁开门进入站台。手动开门把手(图2-6)采用内置式,把手旁设有简单醒目的操作标志。如滑动门出现故障或需要维修,工作人员在站台侧使用专用钥匙转动设置在滑动门表面的手动解锁钥匙孔(图2-7)来打开滑动门。

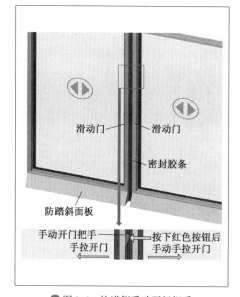

● 图2-6 轨道侧手动开门把手

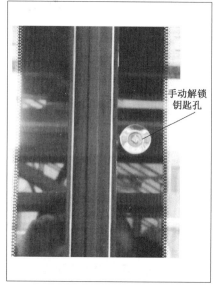

● 图2-7 站台侧手动解锁钥匙孔

滑动门的控制模式及设备装置如下。

(1)滑动门具有三级控制模式,即系统级控制、站台级控制(PSL及IBP)和手动操作。手动操作优先级最高,其次是站台级控制,最后是系统级控制。

> **知识拓展**
>
> 系统级控制由信号系统对站台门的开/关进行控制;站台级控制由司机或站务人员在站台PSL上进行开/关操作,或由车站行车值班员在车站控制室IBP上操作;手动操作是由站台人员在站台侧用钥匙,或乘客在轨道侧用手动开门把手进行操作。站台发生火灾时,工作人员可在IBP上对站台门进行紧急开门操作。

（2）为了便于维修和操作,每道滑动门上方的顶箱维护罩内装有 LCB,通过门栏下方的钥匙开关进行运行模式转换,分别有自动、隔离、手动模式。在正常运行下采用自动模式,门体故障时采用隔离模式,维修时采用手动模式。LCB、钥匙开关位置分别如图 2-8、图 2-9 所示。

● 图 2-8　LCB

● 图 2-9　钥匙开关位置

（3）滑动门设有两种安全装置,即电磁锁和障碍物检测装置。

滑动门上方顶箱内设有电磁锁,滑动门关闭后电磁锁可防止外力作用将门打开。滑动门自动开启时,电磁锁能自动释放。当系统出现故障时,可操作轨道侧手动开门把手或在站台侧用专用钥匙进行手动解锁打开滑动门。滑动门关门、锁紧、解锁、开门均有状态信号反馈,门已开启、已锁闭状态信号同时反馈到 PSC。

滑动门障碍物探测一般采用两种形式,一种是橡胶式机械感应探测,另一种是激光或红外线感应探测。

橡胶式机械感应探测是目前市场上应用较多的一种结构,主要由驱动系统、DCU 和前挡胶条等组成。如图 2-10 所示,该探测装置能探测到的障碍物最小尺寸为 5mm（厚度）×40mm（宽度）。通过接触挤压障碍物,使电动机电流突然增大,电流的异常信号反馈给 DCU,由 DCU 控制电动机反转,使滑动门开启。探测障碍物的次数及滑动门开启的宽度由 DCU 预先设定的程序控制。

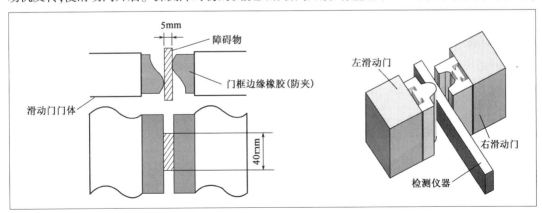

● 图 2-10　橡胶式机械感应探测示意图

激光或红外线感应探测主要用于对地铁车辆及站台门的间隙进行实时监视。激光探测装置检测乘客如图 2-11 所示。激光主要由控制主机、探测器组、信号传输线路等辅助设备组成。每对探测器包含一台发射机盒和一台接收机盒,探测器安装在滑动门轨道侧的下部支承上。当线束被遮断时,该防护区及时向控制主机输出报警信号。

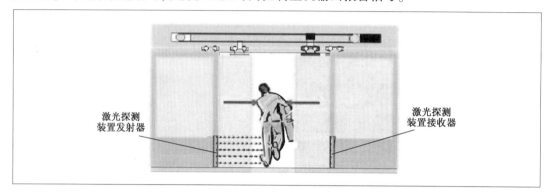

● 图 2-11　激光探测装置检测乘客

（4）门到位开关检测装置。每道滑动门单元上方设有一套门到位开关检测装置,安装在滑动门即将关闭到位的位置。当滑动门关闭时,安装在承载小车上的撞块随滑动门运动并压下门到位开关,此时门到位开关发出"门关到位"信号给DCU,DCU再将此信号发送给PSC确认门已关到位。当滑动门打开时,安装在承载小车上的撞块脱离门到位开关,"门关到位"开关信号被释放,此时PSC显示滑动门已打开。

（5）防站人斜块。滑动门轨道侧的下部设置防站人斜块（图 2-12）,防止乘客在站台门与列车之间停留,保证乘客的生命安全。

● 图 2-12　防站人斜块示意图

课外观察

目测地铁站台门与列车门之间的间隙大小,然后查阅站台门设计安装规范进行比对。

（6）防夹挡板。在左、右滑动门内侧下方各安装一个约60cm高、15cm宽的防夹挡板,如图 2-13所示。如果有人被夹在站台门与列车门之间,防夹挡板会被乘客的腿部挡住,无法关闭。夹到人时,DCU通过比较关门时电动机的理论电流和实际电流来探测障碍物,电流如果突然增大,说明夹住人了,马上反向运动,从而避免危险发生。

想一想

各地站台门夹人事故时有发生,你知道事故发生的原因吗?这些案例警示我们应该做哪些防范措施呢?

## 2. 应急门

应急门是列车门与滑动门停车定位不准时,供乘客应急疏散的门。在轨道侧推压应急推杆或在站台侧用专用钥匙解锁,可将应急门向站台侧旋转90°平开。列车的每节车厢对应设置两扇应急门(图2-14)。站台门系统正常运行状态下,应急门处于关闭和锁紧状态。

图2-13 防夹挡板

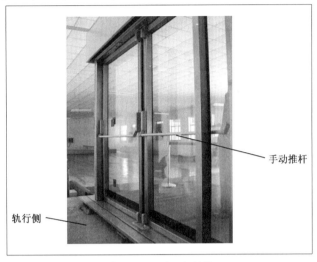

图2-14 应急门结构

应急门具有以下功能。

(1)应急门设有门锁装置,其结构如图2-15所示。当门锁装置处于关闭并锁紧状态时,不会由于风压而导致此门自行解锁而打开。

(2)应急门可向站台侧旋转90°平开,且能定位保持在90°。

(3)应急门打开后形成紧急疏散通道的宽度不小于1100mm。

(4)每扇应急门的锁闭开关与相邻的滑动门的门状态指示灯相连,门状态指示灯可检测应急门打开和关闭状态,同时将应急门门锁闭信号和解锁状态信号反馈到PSC。

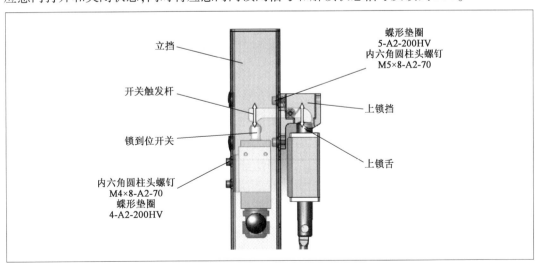

图2-15 应急门门锁装置结构

为什么列车的每节车厢对应设置两扇应急门？可以从运营安全和设备成本等方面考虑。作为检修工,应如何规范操作应急门呢？

3. 固定门

固定门位于两滑动门之间,在站台公共区域与轨道区域之间起隔离作用,是门体结构中不能打开的玻璃隔墙。固定门主要由门框、玻璃、插销等零部件组成。固定门通过上部固定门立柱安装在门栏方管上,下部通过门槛中间支承安装在门槛上。部分地铁公司为固定门增加了多媒体播放功能,可以在透明玻璃与多媒体播放界面间自由切换。固定门维保主要是检查门体玻璃有无划痕以及有无爆裂等异常情况。固定门结构如图 2-16 所示。

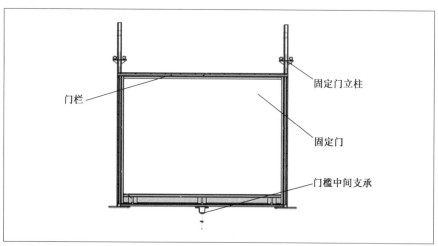

● 图 2-16 固定门结构

4. 端门

端门是列车在区间火灾或故障时的乘客疏散通道,以及工作人员进、出站台公共区域的通道。端门安装在站台门系统的前、后两端,单侧站台有两套端门。端门与纵向站台边垂直,使站台公共区域与列车隧道之间的设施隔离。每套端门一般包括一扇活动门、一扇固定门(个别站台无固定门)、门锁等部件。地铁正常运营状态下,端门活动门处于关闭并锁紧状态,且不会由于风压而导致此门自行解锁而打开。端门活动门能够承受水平荷载。端门结构如图 2-17 所示,包括承重结构、维护罩、活动门、固定门、门槛及底部安装件、密封绝缘等部件。为了便于检查和维护,端门整体与站台绝缘层和纵向的站台门绝缘。

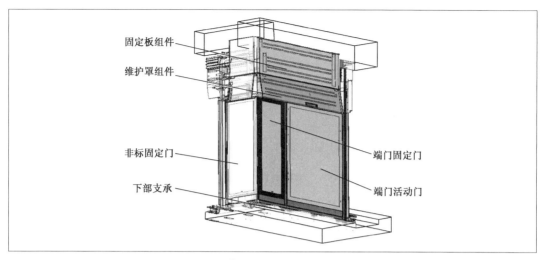

● 图 2-17 端门结构

端门功能及注意事项如下。

(1) 端门活动门设有门锁装置,乘客可从轨道侧推压门锁推杆开门,站台工作人员可用钥匙从站台侧打开。

(2) 端门活动门可向站台侧旋转 90°平开,可定位在 90°。

(3) 端门活动门开启后,滑动门上方的门状态指示灯亮。如果有列车运行,需关闭并锁紧端门活动门,否则风压的影响会造成端门活动门的严重损坏。

(4) 端门活动门设有状态检测装置,检测状态信息可传送到 PSC,当端门活动门开启时间超过 10s(0~3min 可调)时可触发报警(设备房蜂鸣器响,监控室指示灯亮)。

以上所述内容是站台门的门体机械结构部分,站台门的门体结构框图如图 2-18 所示。门本体中的滑动门、固定门、应急门、端门是本项目学习的重点,这 4 种门体的结构特点见表 2-1。

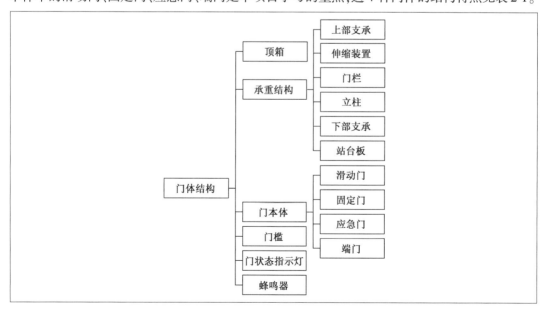

● 图 2-18 门体结构框图

门体结构特点　　　　　　　　　　　　　表2-1

| 门体类型 | 位置及特点 | 数量/每侧站台 | 手动开门装置 | | 手动开门方式 |
|---|---|---|---|---|---|
| | | | 站台侧 | 轨行侧 | |
| 固定门 | 位于滑动门之间，不能打开 | — | — | — | — |
| 滑动门 | 正常停车时与列车门一一对应 | 24道 | 钥匙开关 | 门体中部手动开门把手 | 与门体方向平行，拉开 |
| 应急门 | 每节车厢单侧对应一道 | 6道 | 钥匙开关 | 门体中部手动推杆 | 向站台侧展开90° |
| 端门 | 位于站台两端头，垂直于站台边线布置 | 2扇 | 钥匙开关 | 门体中部手动推杆 | 向站台侧展开90° |

**回顾总结**

对照实训室站台门，简述站台门门体结构特点、滑动门三级控制方式及优先级别。

5. 门槛

门槛安装在站台板边缘，上表面与站台装饰层平齐，是乘客进、出列车车厢及站台滑动门的必经之路。门槛包括应急门门槛、滑动门门槛、固定门门槛和端门门槛。门槛采用不锈钢材料，除固定门门槛外，其他门槛表面均设有防滑槽以防止乘客滑倒。滑动门门槛和应急门门槛结构中设有导槽，起滑动门运行导向之用，导槽需经常进行清理维护，导槽中存在异物时会导致滑动门无法正常开启/关闭。滑动门的下导轨插在导槽内。图2-19所示为门槛结构。

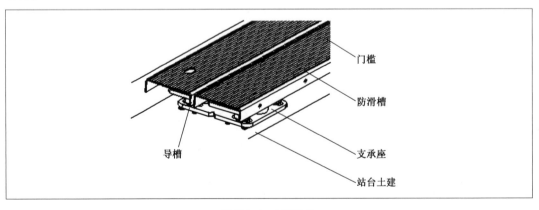

● 图2-19　门槛结构

## 学习任务二  全高站台门承重结构

站台门既要求精致明亮的建筑外观,又要求承受相应的重力及流体荷载。例如,垂直荷载、隧道通风系统产生的风压、列车运行的活塞风压、乘客挤压力、地震力等荷载。因此,站台门必须安装在稳固的结构体上,该结构体即为承重结构。

承重结构由上部支承、高度调节装置、绝缘垫、横梁、门栏、立柱、支承座、下部支承等零部件组成,通过螺栓将以上零部件连接成为一个完整的受力构件。承重结构形式如图 2-20 所示。为了保证整侧站台门对地绝缘,上部支承与高度调节装置以及立柱、门槛与站台边缘、端门与站台侧钢架、设备房外墙之间均安装绝缘垫。

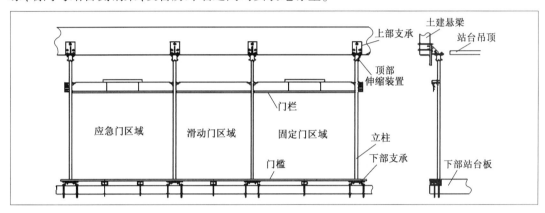

● 图 2-20  承重结构形式

承重结构的安装方法如下。

首先安装下部支承。下部支承利用双头螺栓、螺母将下部支承座固定在站台板上,下部支承座采用腰形连接孔,便于位置调节,如图 2-21 所示。

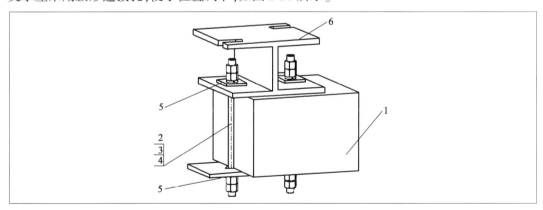

● 图 2-21  下部支承安装示意图

1-站台板;2-双头螺柱;3-螺母;4-重型弹垫;5-安装方垫;6-下部支承座

下部支承安装结束后,再安装顶部支承和立柱。顶部支承(图 2-22)通过化学锚栓与站台顶板连接,并通过可调节的顶部伸缩装置安装立柱。顶部伸缩装置可对立柱进行位置调整,如图 2-23 所示。

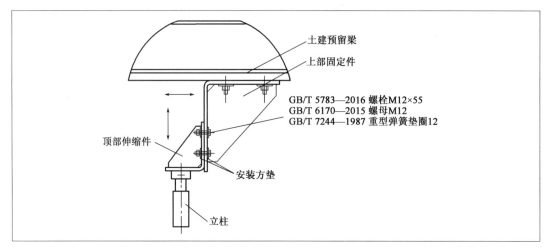

● 图2-22 顶部支承安装示意图

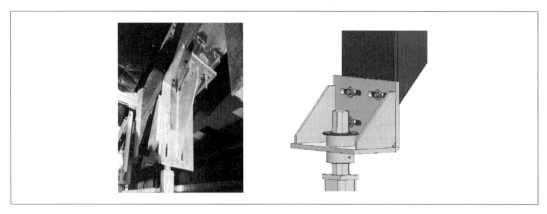

● 图2-23 顶部伸缩装置示意图

## 学习任务三　全高站台门其他门体设备

1. 顶箱维护罩

顶箱维护罩安装在承重结构的上横梁和门机梁上。顶箱维护罩盖板兼作车站导向指示牌和站台边缘导向灯带反射板。顶箱维护罩内设有门单元的承载驱动机构(包括电动机、传动副、导轨、携门架组件等)、门锁装置、门机控制单元、就地控制盒、门状态指示灯等部件。顶箱维护罩剖面结构如图2-24所示。

顶箱维护罩盖板的周边安装有中空的密封胶条及橡胶条,并安装有密封板。在固定门、应急门和滑动门顶部区域的导轨和相应的门栏上安装有密封毛刷,保证滑动门在开关运动时不影响顶箱维护罩的密封效果。顶箱维护罩盖板可上翻不小于70°,在两侧设有自动支承装置,方便门机系统的安装调试和日常维护。

顶箱维护罩盖板装有压紧锁,锁紧后能承受正/负向风压荷载,维修人员需用专用钥匙开启顶箱维护罩盖板。顶箱维护罩盖板的上侧有用于照明的灯带,可帮助乘客清晰识别顶箱表面标志,具体位置如图 2-25 所示。灯带是站务员巡检的内容之一,当发现有灯源损坏时,应及时通知相关人员进行维修和更换。

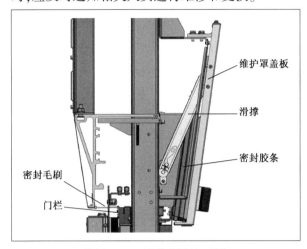

● 图 2-24　顶箱维护罩剖面结构

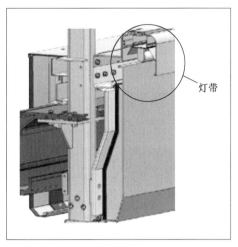

● 图 2-25　站台门灯带位置

2. 门状态指示灯

每道滑动门上方的顶箱维护罩上均装有一个黄色的指示灯。指示灯常亮表示该门开启;当指示灯闪烁(1Hz)时,表示已发出关门或开门指令,滑动门在运动过程中;当指示灯亮 0.5s、灭 5s 循环往复时,表示此门被隔离,请求维修;车门完全关好后,非隔离状态,黄色指示灯灭;门体关闭且锁紧后,指示灯以 2Hz 频率闪烁时,表示此门所带的 EED/DSD/MSD 未处于关闭锁紧状态;在连续 3 次关门过程中均检测到障碍物时,指示灯持续明亮,直到任何开门或关门指令将门重新启动。

门状态指示灯工作情况见表 2-2。

**门状态指示灯工作情况**　　表 2-2

| 站台门运行状态 | 在接口模块选择的模式 | | |
|---|---|---|---|
| | 自动 | 手动 | 隔离 |
| 站台门在开启中 | 1Hz 闪烁 | 1Hz 闪烁 | — |
| 站台门已完全开启 | 常亮 | 常亮 | 亮 0.5s,灭 5s |
| 站台门在关闭中 | 1Hz 闪烁 | 1Hz 闪烁 | — |
| 站台门已完全关闭及锁闭 | 灭 | 灭 | 亮 0.5s,灭 5s |
| 有障碍物 | 1Hz 闪烁 | 1Hz 闪烁 | — |
| EED/DSD/MSD 未关闭锁紧 | 2Hz 闪烁 | 2Hz 闪烁 | — |

知识链接

门状态指示灯是一个重要装置。它能帮助工作人员快速识别各个门体的状态,以某种站台门为例,其门状态指示灯状态如下。

(1)执行开门命令,在滑动门开门过程中,门状态指示灯闪烁,在滑动门全开后常亮。

(2)执行关门命令,在滑动门关门过程中,门状态指示灯闪烁,在滑动门关闭后熄灭。

(3)当 EED/DSD/MSD 未关闭锁紧时,门状态指示灯状态为慢闪烁。

请同学们课后观察所在城市站台门门状态指示灯不同状态的内涵,并记录在附表2-2中。

### 3. 蜂鸣器

每道滑动门的上方均设有一个蜂鸣器。当蜂鸣器鸣响(1Hz)时,表示已发出开门指令或关门指令,相应的站台门正在开门或关门的过程中;站台门完全关闭后蜂鸣器停止鸣响。如果操作了手动解锁装置,蜂鸣器持续鸣响,1min(时间可调)后蜂鸣器停止鸣响。

你认为在站台门门体结构的组成中,哪些部件能够起到"全面防护、守卫乘客安全"的作用呢?

**任务实施**

请完成实训三,全高站台门门体结构实训,见本教材配套实训工作页。

# 项目二 全高站台门门机系统

## 学习任务一 门机系统组成

全高站台门门机系统安装在顶箱维护罩内,用于驱动滑动门的开/关动作,保证滑动门的安全运行。门机系统由驱动装置、传动装置、锁紧装置、DCU 等部件组成。在正常工作状态下,门机开关指令由顶箱内的 DCU 控制,信号的发送/接收通过 DCU 传输。

门机系统的工作原理:DCU 接收到开/关信号后控制电动机运转,电动机通过减速器减速并带动传动装置动作,传动装置通过门悬挂单元带动滑动门运动。当门完全关闭或即将打开时,触发电磁锁动作,使滑动门保持门扇状态,并发送状态信号给 DCU,DCU 再传递信号至 PSC,从而保证列车正确的进站开门、离站关门动作。

目前,市场上门机传动装置的结构形式主要有丝杆和齿型皮带两种结构,本项目将分别介绍门机传动装置的两种结构形式。

丝杆式门机系统主要由一根双向螺纹丝杆以及两个螺母实现传动动作,具体结构如图 2-26 所示。齿型皮带式门机系统由皮带、主动轮、从动轮实现传动动作,具体结构如图 2-27 所示。

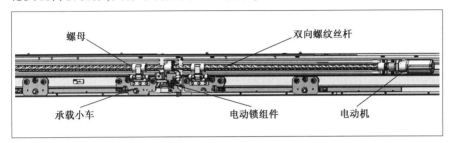

● 图 2-26　丝杆式门机系统

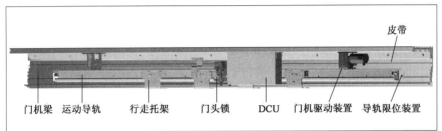

● 图 2-27　齿型皮带式门机系统

# 学习任务二　驱动与传动装置结构

1. 驱动装置

驱动装置常用的电动机有哪些型号？分别有什么特点？驱动滑动门做直线来回往复运动选用哪种型号比较科学？

驱动装置由电动机与减速器组成,地铁站台门门机系统采用的电动机一般为直流电动机,常用的有 3 种型号,分别是直流永磁电动机、直流无刷电动机(图 2-28)和直流伺服电动机。减速器用于减速,提高输出驱动力矩,通常采用蜗轮蜗杆结构。

电动机是滑动门的动力来源,由 DCU 根据预先设定的速度曲线进行驱动。电动机的转动位置由霍尔传感器或光电编码器检测,由 DCU 采用脉宽调

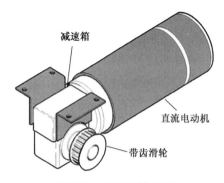

图 2-28 直流无刷电动机

制技术或矢量控制技术实现闭环控制及位置控制。当电动机的旋转速度大于预定的速度时,减小电压输出的占空比,降低电动机的旋转速度,使电动机的实际速度能够无限接近设定的速度;当电动机的旋转速度小于预定的速度时,增大电压输出的占空比,增大电动机的旋转速度,使电动机的实际速度能够无限接近设定的速度。同时,通过检测电动机转动的周期和相位,可以计算出电动机的转动位置,即滑动门的位置信息。

直流无刷电动机具有以下特点。

(1)采用电子换向装置取代传统直流电动机的机械式电刷换向器,在换向过程中无换向火花和电磁干扰,省去更换电刷的麻烦。

(2)电子换向,基本无发热现象。

(3)运行平稳、可靠、效率高。

(4)易实现变频调速,能耗低,无干扰现象。

(5)使用寿命长,连续运行时间能达到 50000h。

(6)外壳防护等级为不小于 IP54,绝缘等级为 F。

(7)选用负载负荷计算标准:两个开、关门周期间隔最多为 120s。

不同的站台门生产厂家设计门机的驱动系统主要有以下几种组合形式。

(1)直流永磁电动机—无减速器—丝杆(螺旋副)传动—自动锁紧(机械凸轮结构)装置。

(2)无刷直流电动机—蜗轮蜗杆减速器—皮带传动—自动锁紧(电磁锁)装置。

(3)直流伺服电动机—减速器—丝杆或皮带传动—电磁锁。

2. 传动装置

1)丝杆传动装置

丝杆式门机系统的运动原理:带减速箱的直流无刷电动机接收驱动信号驱动丝杆转动,丝杆两端分别由左旋螺纹与右旋螺纹组成,丝杆转动时带动螺母副做左右直线运动,螺母副与安装在滑动门上的悬挂装置(携门架与承载小车)通过锁叉柔性连接,从而带动滑动门左右运动,具体结构形式如图 2-29 所示。

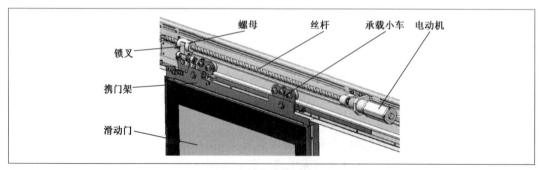

图 2-29 丝杆式门机系统

由图 2-29 可见,单个门扇对应两个承载小车(图 2-30),每个承载小车上分别安装 2 个承载滚轮和 1 个防跳滚轮,这些滚轮在导轨上运行。承载小车上的所有滚轮采用偏心结构,调整偏心轴可消除承载小车在导轨中运动的间隙以及调节左、右门扇的高度,确保左、右门扇齐平。滚轮采用高密度的自润滑工程材料,具有高耐磨性、低噪声和免维护等特点。

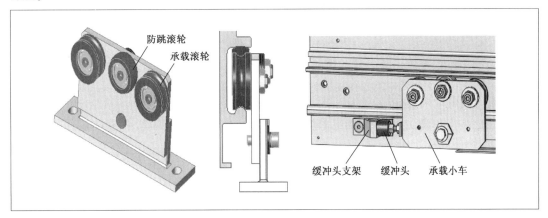

● 图 2-30　承载小车结构

丝杆式门机系统具有运动平稳、寿命长、维护成本低的优点,但是丝杆加工成本高,故前期投入成本较高。

2)齿型皮带传动装置

齿型皮带式门机系统的工作原理:电动机在 DCU 的指令下,通过减速机"驱动轮—皮带—反向轮"与齿型皮带的齿啮合而进行循环运动,连接在皮带上的挂件,通过滚轮拖板组件带动其吊挂的滑动门进行来回运动,从而实现滑动门的开/关动作,通过闸锁的凸轮触发开关进行滑动门的锁定与信号的传输。齿型皮带式门机系统如图 2-31 所示。

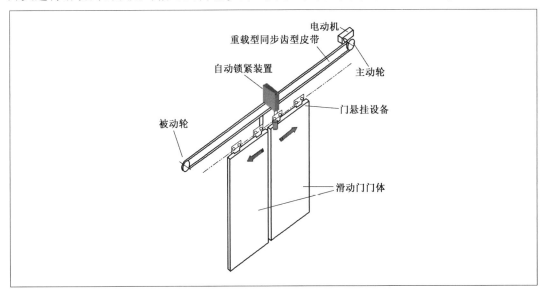

● 图 2-31　齿型皮带式门机系统

反向轮侧设置了张紧调整装置,便于定期进行皮带松紧调整维护。皮带挂件可以左右任意调节,方便左、右滑动门吊挂位置的校准。

齿型皮带传动系统组成:配有驱动轮的齿型皮带、皮带锁扣、滑轮导向导轨、闭锁单元。

齿型皮带传动的主要优点:皮带的安装和更换快捷方便、低噪声、免润滑、备件成本较低。

齿型皮带传动的主要缺点:皮带更换周期短、传动的可靠性较低、同步皮带的张紧力需要定期检查和调节、总体维护成本较高。

> **复习回顾**
>
> 丝杆传动装置与齿型皮带传动装置在结构上有什么区别?哪种传动装置使用性能高,维护成本低?

## 学习任务三　锁紧装置结构

锁紧装置可以保证在地铁站台门的滑动门电动或手动关门后可靠锁闭;手动解锁时,解锁机构动作灵活可靠。锁紧装置一般分为电磁锁和机械锁两种类型。

电磁锁的核心原理是门体关闭时,通过电磁动作带动机械锁钩等装置动作实现锁闭,同时配合行程开关或微动开关反馈装置确认是否真正锁闭;与手动解锁配合实现机械解锁。其按电磁铁线圈额定电压分为 DC 48V 和 DC 110V 两种,一般与驱动电动机电压相配套;按解锁保持方式分为电磁铁通电保持解锁和断电后机械保持解锁两种。

机械锁一般用于丝杆式传动的门机导轨设置锁闭滑道的情况,起锁闭滑动门的作用。

下面我们着重介绍以下两种类型的电磁锁。

1. 站台门电磁锁①

此种类型电磁锁多用于齿型皮带式门机系统,采用 DC 48 V 电磁铁,滚轮行程开关,电磁铁断电后机械保持解锁状态(图 2-32)。

此种类型电磁锁的手动解锁工作原理:操作滑动门的手动解锁扳手时,滑动门顶杆顶起大离合片,大离合片带动电磁铁衔铁向上运动,完成解锁;锁闭时,大离合片下落,行程开关的常闭点闭合,完成锁闭。

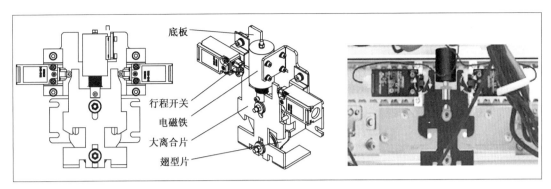

● 图 2-32　全高站台门的电磁锁(滚轮行程开关)

此种类型电磁锁的电动开、关门工作原理:电动开门时,DCU 向电磁铁线圈加电,驱动衔铁与大离合片一起上升,行程开/关动作,实现解锁功能;电动关门时,DCU 驱动电动机旋转,大离合片下落,行程开关常闭点闭合,锁闭信号反馈到 DCU,完成锁闭。

2. 站台门电磁锁②

此种锁紧装置一般用于丝杆式门机系统,主要由电磁铁、锁叉、滚轮、手动解锁开关支架、锁到位开关和手动解锁开关组成,结构如图 2-33 所示。电磁锁装置安装在机构的型材导轨上,位于滑动门关闭位置的上方。

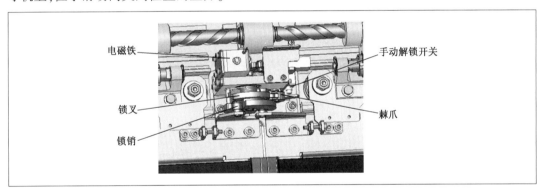

● 图 2-33　电磁锁结构

此种类型电磁锁的电动解锁工作原理:当滑动门自动关闭或手动关至关闭位置时,棘爪同步轮卡在锁叉的凹槽中,并且与携门架相连的左、右锁挡支架上的滚轮分别卡在锁叉的 U 形槽内,实现锁闭,同时关闭锁紧确认开关被压下,并发出滑动门被锁闭信号,滑动门无法打开(手动解锁可以打开)。解锁时,电磁铁收到电信号吸合向后位移,带动棘爪同步轮转动一定角度同时触发开关,棘爪滑出锁叉凹槽,与携门架相连的左、右锁挡支架上的滚轮滑出锁叉 U 形槽,实现解锁。图 2-34 所示为电磁锁结构分解图。

执行正常开门程序时,DCU 发出开门信号,电磁铁接收到开门信号后开始工作,向后吸合位移,棘爪同步轮转动一定角度,滚轮脱离锁叉凹槽,滑动门锁闭状态解除,同时关闭锁紧确认开关复位并发出滑动门被打开信号,此时电动机驱动滑动门开门。

此种类型电磁锁的手动解锁工作原理:滑动门门框内设有手动解锁装置。当操作轨道侧手动解锁把手或操作站台侧站台门钥匙即操作手动解锁装置时,联动锁销被释放,电磁锁锁紧装置上的手动解锁开关将被激活并发出手动解锁开门信号并反馈到 DCU，然后 DCU 将手动解锁开门信号传送到 PSC。

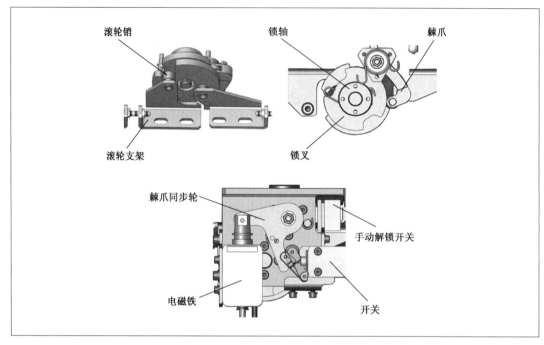

● 图 2-34　电磁锁结构分解图

半高站台门电磁锁结构略有不同，请各位同学参见半高站台门门机系统部分内容。

 讨论

　　站台门的锁紧装置结构有哪些形式，是如何保证乘客安全的？

## 学习任务四　DCU 组成

 想一想

　　每个站台有几十套站台门，单个滑动门门体的状态信息如何监控？单个门体的开/闭如何控制与反馈？

　　DCU 是滑动门电动机的控制装置，简称门控器，实物图如图 2-35 所示。DCU 按照站台单元控制器的指令控制门机运行，并把门状态信息回传给站台单元控制器。

　　每套滑动门单元配置一个 DCU，安装在顶箱维护罩内，全高站台门采用一控一驱式。

● 图 2-35　DCU 实物图

DCU 的主要功能：执行系统控制和就地控制设备发来的控制命令，控制门按指定曲线动作；具有与外接便携式测试设备通信的接口，用于单扇门的调试；具有故障自诊断功能，实时监控内部各模块工作状态，有故障时可通过外部故障指示灯判断故障情况。

DCU 的组成：由数字信号处理器（DSP）、输入/输出模块、电动机驱动模块、电流检测模块、位置反馈模块、接口模块等组成。DCU 的设计方案中采用了过压保护、欠压保护、过电流保护、过载保护、换相逻辑错误保护等措施，确保系统安全运行。

DCU 各模块的主要功能如下。

（1）DSP。DSP 是整个 DCU 的控制核心。DCU 选用的 DSP 控制芯片是专用于电动机运动控制领域的工业用单片数字信号处理器，是高度集成化的器件，代表了传统微处理器及通用 DSP 的重大突破，使直流无刷电动机的直接驱动及数字调速控制成为可能。与其他方案相比，它还提供了更好的电动机性能、更低的能耗、更高的可靠性及静音运行。更为重要的是，DSP 芯片具有实时算术运算能力，并集成了电动机控制外围部件，使设计只需外加较少的硬件设备，提高了可靠性。此外，DSP 将数字信号处理的运算能力与面向电动机的高效控制能力集于一体，可以实现用软件取代模拟伺服电路，方便修改控制策略，修正控制参数。

门机系统讲解三

（2）输入/输出模块。完全隔离的数字输入/输出模块，具备过压保护、短路保护和滤波处理等功能。

（3）电动机驱动模块。驱动电动机运动的执行模块，具有过流、欠压等保护功能，负责将 DSP 的数字量转换为驱动电动机运动的模拟量。

（4）电流检测模块。电流检测模块用于检测电动机运行电流，检测结果反馈回 DSP。

（5）位置反馈模块。位置反馈模块由 DCU 内部的信号转换元件组成，是系统测速以及转速控制的依据之一。

(6)接口模块。DCU 配置了自动/手动/隔离转换开关的控制输入接口,通过 DCU 的输入/输出模块传送给 DSP;配置了手动开门按钮和控制输入接口,通过 DCU 的输入/输出模块传送给 DSP;配置了门状态指示灯,通过 DCU 的输入/输出模块驱动门状态指示灯来显示门的相关状态;配置了与便携式测试设备通信的接口,可以方便快捷地对单个门单元进行调试及试验。

DCU 与外部组件的关系如图 2-36 所示,输入信号管脚分配见表 2-3,输出信号管脚分配见表 2-4。

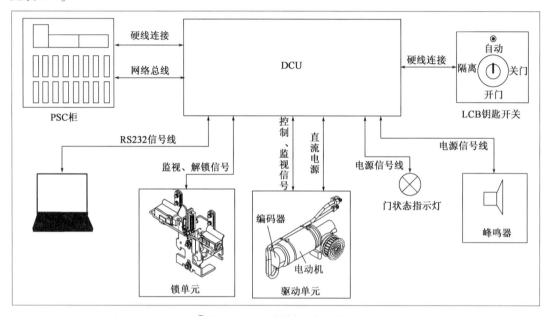

● 图 2-36　DCU 与外部组件的关系

输入信号管脚分配　　　　　　　　　表 2-3

| 序号 | 输入口 | 信号名称 | 线号 | 标志 | 端子号 |
| --- | --- | --- | --- | --- | --- |
| 1 | I0 | 手动解锁信号 | 900 | -S1 | X1:1 |
| 2 | I1 | 手动信号(手动使能) | 901 | -S8 | X1:12 |
| 3 | I2 | 隔离信号 | 902 |  | X1:2 |
| 4 | I4 | 滑动门锁闭到位信号 | 904 | -S3 | X1:14 |
| 5 | I6 | 应急门/DSD 锁闭到位信号 | 906 | -S5 | X1:15 |
| 6 | I7 | 端门闭到位信号 | 907 | -S6 | X1:5 |
| 7 | I9 | 安全互锁回路端口 1 | 950 |  | X1:17 |
| 8 | I10 | 安全互锁回路端口 2 | 955 |  | X1:7 |
| 9 | I11 | 自动模式开/关门使能信号 | 911 |  | X1:18 |
| 10 | I12 | 自动模式关门信号 | 914 |  | X1:8 |
| 11 | I13 | 自动模式开门信号 | 913 |  | X1:9 |
| 12 | I14 | 手动开/关门信号 | 912 | -S8 | X1:10 |
| 13 | I15 | 备用输入信号 | 916 |  | X1:11 |
| 14 | COM0 | DC 110V- | DC 110V- |  | X1:6 |
| 15 | COM1 | DC 110V- | DC 110V- |  | X1:19 |
| 16 | COM2 | DC 110V- | DC 110V- |  | X1:20 |
| 17 | COM3 | DC 110V- | DC 110V- |  |  |

输出信号管脚分配　　　　　　　表2-4

| 序号 | 输入口 | 信号名称 | 线号 | 标志 | 端子号 |
|---|---|---|---|---|---|
| 1 | O0 | 滑动门状态指示灯 | 920 | -H1 | X3:15 |
| 2 | O1 | 蜂鸣器 | 921 | -B1 | X3:7 |
| 3 | O2 | 光幕电源控制 | 922 | | X3:16 |
| 4 | O3 | 电磁铁 | 923 | -Y1 | X3:8 |
| 5 | COM4 | 软回路1 | 955 | | X3:10 |
| 6 | O4NO | | | | X3:3 |
| 7 | O4NC | | | | X3:11 |
| 8 | COM5 | 110V+ | | | X3:13 |
| 9 | O5NO | 司机手推门指示灯 | 925 | -H2 | X3:4 |
| 10 | O5NC | | | | X3:12 |
| 11 | O6 | 端门状态指示灯 | 924 | -H3 | X3:6 |
| 12 | POW+ | 110V+ | 110V+ | | X3:9 |
| 13 | POW- | DC 110V- | DC 110V- | | X3:2 |
| 14 | ENABLE1 | | | | X3:5 |
| 15 | ENABLE2 | | | | X3:14 |
| 16 | 空脚 | | | | X3:1 |

（7）门的开启和关闭。门的开启和关闭在自动模式下是由开/关门信号线电平的变化决定的。当开/关门信号线的电平由低到高时,则开门；反之,当开/关门信号线的电平由高到低时,则关门。在门的整个关闭运动中蜂鸣器发声(1Hz)、门状态指示灯闪烁(1Hz)。

①开门。在自动模式下,开门信号线有正跳变,将启动开门流程,在门到达开门终点位置之前,开门信号线必须维持高电平；否则,将进入关门流程。在手动模式下,将LCB拨至开门位置,将启动开门流程,开门过程中门状态指示灯闪烁(1Hz),蜂鸣器鸣响(1Hz)。

②关门。在自动模式下,无开门信号,关门信号线有正跳变,且维持至关门终点位置。在手动模式下,将LCB拨至关门位置,将启动关门流程,关门过程中门状态指示灯闪烁(1Hz),蜂鸣器鸣响(1Hz)。

**任务实施**

请完成实训四,全高站台门门机系统实训,见本教材配套实训工作页。

全高站台门
门机系统检修

# 项目三　半高站台门门体结构

### 你知道吗?

地铁站台门为乘客提供了一道安全屏障,那么,半高站台门通常安装于地面站还是地下站呢?半高站台门由哪些结构组成?半高站台门与全高站台门的门体结构以及滑动门的开闭控制方式有什么区别?

半高站台门通常安装于地面站和高架站,与全高站台门同样起到隔离作用,将轨道区域与站台区域分隔开,可多级控制。但是,其外观、机械内部结构与全高站台门有着很大差别。

半高站台门系统也由机械和电气两部分构成,机械部分包括门体结构和门机系统,电气部分包括电源系统和控制系统。

半高站台门门体结构由承重结构、滑动门、固定门、应急门、端门、门槛等组成。靠近端门两侧的滑动门为非标准滑动门,其余为标准滑动门。图2-37所示为半高站台门门体结构。

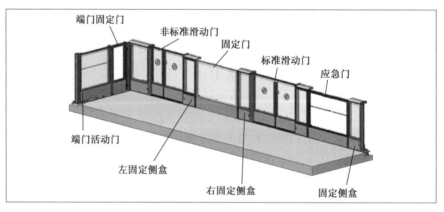

● 图2-37　半高站台门门体结构

## 学习任务一　半高站台门门体认知与操作

1. 滑动门

站台门的各单元滑动门与地铁列车车厢的车门一一对应,当列车停站后,滑动门与每列地铁列车车厢的车门对齐。第 1 号及第 24 号门单元的滑动门为非标准滑动门,开度为 1450mm;其余单元的滑动门均为标准滑动门,开度为 1900mm。

图 2-38 所示为标准滑动门正面图,图 2-39 所示为标准滑动门背面图。

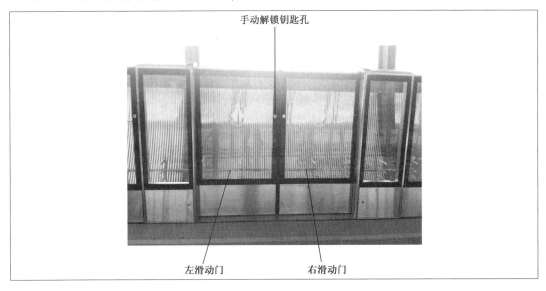

● 图 2-38 标准滑动门正面图

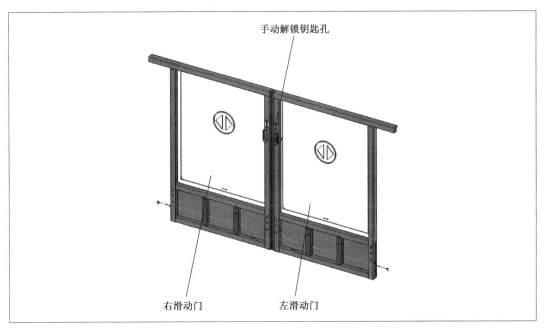

● 图 2-39 标准滑动门背面图

半高站台门采用"一控两驱"的控制方式,左、右滑动门均各自设置一套传动装置。通过 DCU 同步控制左门电动机和右门电动机,以实现左、右门体运动的一致性。

每道滑动门设置一套 LCB,用于控制左、右滑动门的同时打开与关闭;就地开关安装在固定侧盒内,采用专用钥匙切换,供维修人员使用。

滑动门设有电磁锁紧装置。滑动门关闭时该锁紧装置可防止外力作用将门打开;滑动门自动开启时,该锁紧装置能自动释放;手动开门时,使用开门把手和钥匙均可解开该锁紧装置。滑动门关门、锁紧、解锁、开门均有状态信号反馈到 DCU,并由 DCU 将门的开合锁闭状态信号反馈到 PSC。

滑动门障碍物探测、手动解锁装置及功能同全高站台门滑动门。

滑动门控制方式分为三级,即系统级控制、站台级控制(PSL 及 IBP)、手动操作。具体功能及操作同全高站台门。

实践观察

轨道侧、站台侧的紧急解锁装置如何触发电磁锁的紧急解锁动作?请仔细观察门体内的牵拉钢丝绳。

2. 固定门

固定门设置在两个固定侧盒之间,通过两侧的安装支架与固定侧盒连接在一起,在站台公共区域与轨道区域之间起隔离作用,主要由门框、玻璃、不锈钢防踢板等零部件组成。固定门位置如图 2-40 所示。

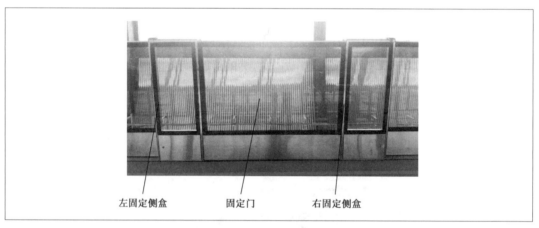

● 图 2-40　固定门位置

3. 应急门

每节车厢单侧对应设置一道应急门。在站台门系统正常运行状态下,应急门处于关闭和锁紧状态。当列车进站停止后,列车门无法对准滑动门时,可作为乘客应急疏散通道。在轨道侧推压应急推杆或在站台侧用专用钥匙解锁,然后推动应急门门扇即可将应急门打开。应急门功能及操作同全高站台门应急门。应急门位置如图 2-41 所示。

4. 端门

端门安装在与正线门体垂直的方向上,位于整个站台门系统的首尾两侧。当列车在区间隧道发生火灾或出现故障等意外情况时,端门是疏散人群的紧急通道,也是车站工作人员进出隧道的通道,地铁正常运营状态下,端门处于关闭并锁紧状态。端门功能及操作同全高站台门端门。

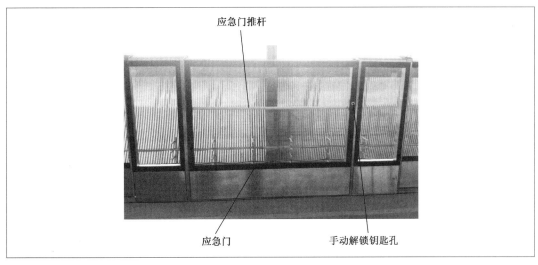

● 图 2-41  应急门位置

5. 门槛

滑动门、应急门、固定门和端门均设置门槛。门槛结构同全高站台门门槛结构。

## 学习任务二  半高站台门承重结构

承重结构由底部支承、固定侧盒、绝缘件和各类连接紧固件等组成,如图 2-42 所示。

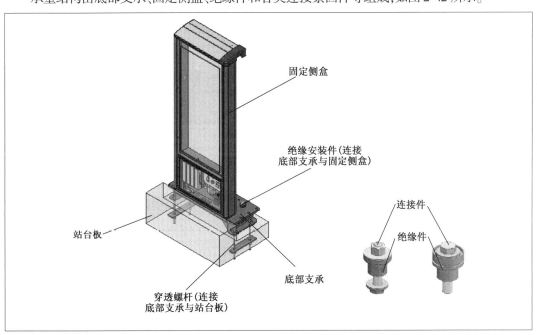

● 图 2-42  承重结构示意图

承重结构的主体钢结构采用 Q235A 型钢材,并进行热浸锌表面处理(锌层厚度不小于 80μm)。对于影响外观的可见部分加包发纹不锈钢板(304L)。

底部支承以及端门钢架与站台板相连接,采用穿透螺杆或化学锚栓进行绝缘安装。固定侧盒安装在底部支承上,固定侧盒与底部支承之间采用绝缘安装,使整个站台门整体对地绝缘,绝缘值不小于 0.5MΩ。

左固定侧盒(图 2-43)内设置门锁装置(左)、DCU、LCB 等部件;右固定侧盒(图 2-44)内设置门锁装置(右)等部件。

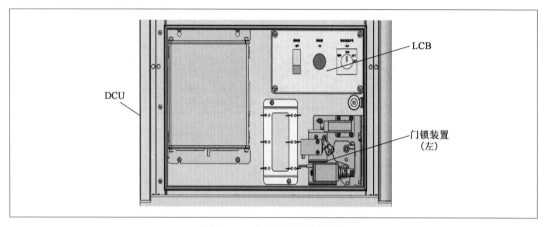

● 图 2-43　左固定侧盒内部结构

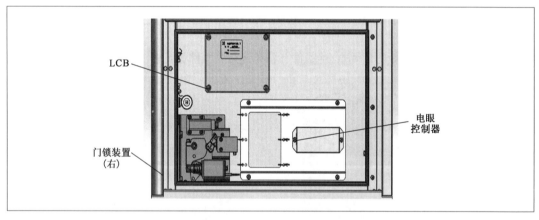

● 图 2-44　右固定侧盒内部结构

# 学习任务三　半高站台门其他门体设备

1. 门状态指示灯

在每个滑动门门体的上方均设有一个门状态指示灯,当门状态指示灯长亮时表示该门开启,停在非关到位位置;当门状态指示灯闪烁(1Hz)时,表示已发出关门或开门指令,车门在运动流程中;当门状态指示灯亮 0.5s、灭 5s 循环往复时,表示此门被隔离,请求维修;车门完全关好后,表示此门处于非隔离状态,门状态指示灯灭。

在连续3次关门过程中均检测到障碍物时,门状态指示灯持续明亮,直到任何开门或关门指令将门重新启动。门状态指示灯的工作情况同全高站台门门状态指示灯的工作情况(表2-2)。

2. 蜂鸣器

在每个滑动门的固定侧盒内的 LCB 上均设有一个蜂鸣器,当蜂鸣器鸣响(1Hz)时,表示已发出开门指令或关门指令,相应的站台门正在运动过程中。站台门完全关好后蜂鸣器停止鸣响,如果操作了手动解锁装置,蜂鸣器持续鸣响,1min 后蜂鸣器停止鸣响。

### 任务实施

请完成实训五,半高站台门门体结构实训,见本教材配套实训工作页。

# 项目四 半高站台门门机系统

## 学习任务一 门机系统组成

半高站台门顶部无依附墙体,门机系统安装在什么位置比较合适?

半高站台门门机系统安装于轨道侧玻璃门体下方位置,用于驱动滑动门的开合动作,保证滑动门的安全运行。半高站台门门机系统由驱动装置、传动装置、锁紧装置、DCU 等部件组成。驱动装置、传动装置安装于轨道侧,锁紧装置、DCU 安装于站台侧的固定侧盒内。

在正常工作状态下,门机开关指令由固定侧盒内的 DCU 控制,信号的发送/接收通过 DCU 传输。半高站台门门机系统位置如图 2-45 所示,观察视角为轨道侧。

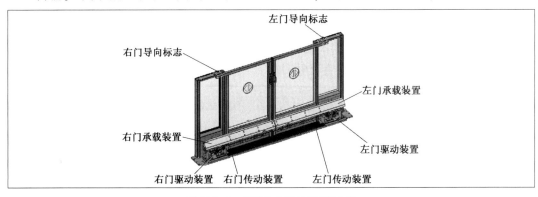

● 图 2-45 半高站台门门机系统位置

半高站台门门机系统

半高站台门门机系统的工作原理:半高站台门采用"一控两驱"的控制方式,即一道滑动门采用一个DCU控制两套驱动机构,左、右滑动门均各自设置一套驱动机构,通过DCU同步控制左门电动机和右门电动机,以实现左、右体运动的一致性。当门完全关闭或即将打开时,触发电磁锁动作,使滑动门保持门扇状态,并发送信号给DCU,DCU再传递信号至PSC,从而保证列车的进站开门、离站关门动作。

滑动门的运动由一个带减速器的电动机驱动皮带来实现,当电动机驱动主动轮转动时,驱动皮带再带动滑动门运动。导轨和导轮在滑动门运行时起导向作用。

目前,市场上半高站台门的门机传动装置的结构形式以齿型皮带传输为主。半高站台门门机传动系统结构(以左门为例)如图2-46所示。

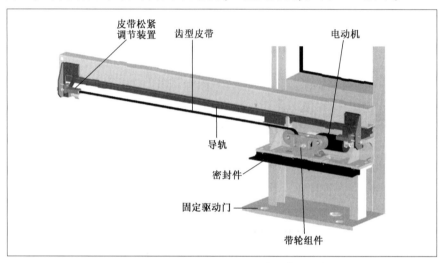

● 图2-46 半高站台门门机传动系统结构

## 学习任务二 驱动与传动装置结构

### 1. 驱动装置

左、右滑动门的承载驱动机构为等高度的结构,右门承载驱动机构局部如图2-47所示。半高站台门驱动装置由电动机与减速器组成,门机系统采用的电动机一般为直流电动机。

滑动门门体的开启时间和关闭时间需要相同吗?为什么?请查阅相关资料找出门体开闭运行图。

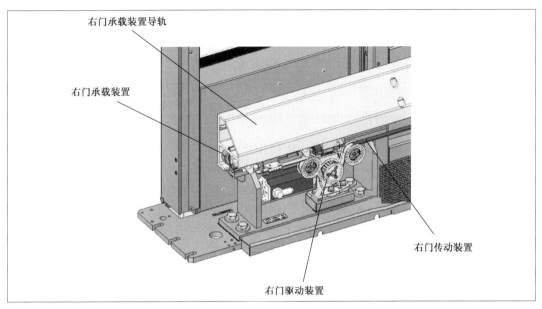

● 图2-47 右门承载驱动机构局部

2. 传动装置

半高站台门传动装置由皮带、带轮、张紧轮、皮带夹紧装置和限位装置等组成。皮带通过皮带夹紧装置与导轨及活动门门体连成一体,电动机驱动皮带通过皮带夹紧装置把驱动力传递给滑动门实现其运动。半高站台门传动装置结构如图2-48所示。

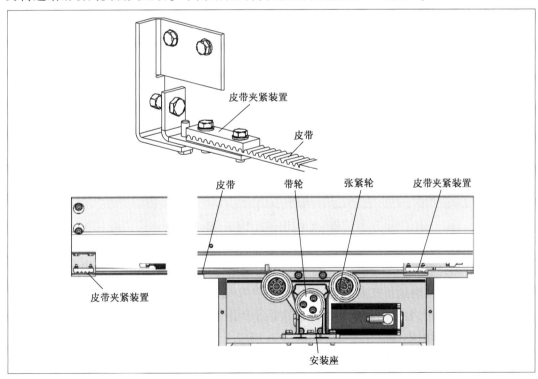

● 图2-48 半高站台门传动装置结构

## 学习任务三　锁紧装置与盲区检测

1. 锁紧装置

半高站台门驱动装置与传动装置左、右滑动门各有一套,那么锁紧装置需要几套?如何保证左、右滑动门门体开合动作的一致性?

半高站台门的每套滑动门具有一左一右两套电磁锁。电磁锁由锁叉组件、移动组件、门到位开关、电磁铁组件及手动解锁开关等组成。其中,锁叉组件主要包含电磁铁、锁叉、棘爪以及棘爪同步轮等,移动组件主要包含锁销、手动解锁挡板等。锁叉组件安装在固定侧盒内,移动组件安装在滑动门后挡上。电磁锁紧装置结构(以左门电磁锁为例)如图 2-49 所示。

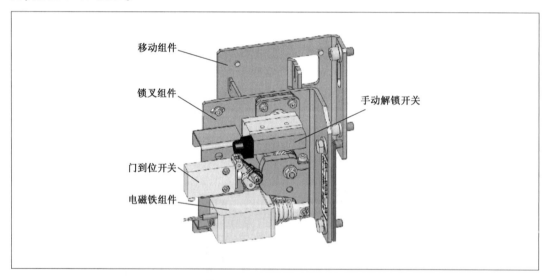

● 图 2-49　电磁锁紧装置结构

当滑动门自动(或手动)关门到位时,与滑动门相连的锁销处于锁叉的锁定槽中,滑动门被锁叉定位,保持在关门状态;此时,棘爪同步轮触发门到位开关,发出滑动门关闭到位信号,除非进行通电自动运行或通过手动解锁,否则,滑动门无法打开。

开、关滑动门时,要求门到位开关背面的电磁锁各开关触发正常,锁体运行无卡滞,解锁灵活轻便。左门电磁锁背面触发开关如图 2-50 所示。

执行正常开门程序时,DCU 发出开门信号,电磁铁接到开门信号后吸合,衔铁带动棘爪同步轮转动,棘爪则解除对锁叉的锁定,与滑动门相连的锁销可以从锁叉的锁定槽中脱离,滑动门锁闭状态解除,实现开门;电磁铁衔铁带动棘爪同步轮转动时,棘爪同步轮触发门到位开关,发出开门信号。

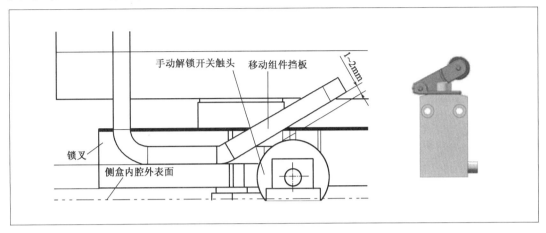

● 图 2-50　左门电磁锁背面触发开关

滑动门门框内设有手动解锁装置,在紧急情况下,扳动滑动门后部的手动解锁把手(或在站台侧通过方孔钥匙操作),通过钢丝绳带动电磁锁中的手动解锁挡板动作,手动解锁挡板推动棘爪及棘爪同步轮转动,棘爪则解除对锁叉的锁定,与滑动门相连的锁销可以从锁叉的锁定槽中脱离,实现滑动门开门。在手动解锁时,手动解锁挡板在推动棘爪转动的同时也触发手动解锁开关,发出手动解锁信号,手动解锁开门信号将反馈到 DCU 和 PSC,以提示有滑动门处于手动解锁、被打开的状态。

图 2-51 所示为电磁锁关门状态;图 2-52 所示为电磁锁开门状态。

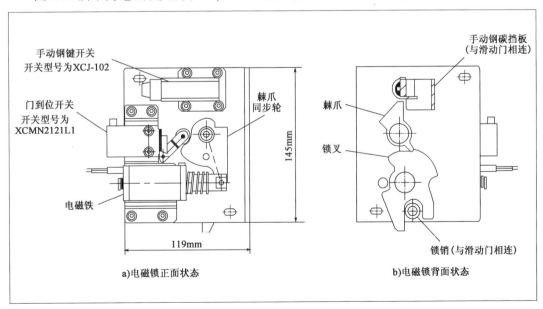

● 图 2-51　电磁锁关门状态

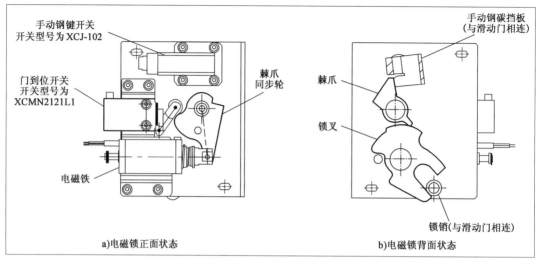

● 图 2-52 电磁锁开门状态

2. 盲区检测

为了防止列车门与站台门关闭后乘客被夹在站台门与车辆中间,在一对滑动门之间安装红外电眼,门关闭过程中,任一电眼光束被遮挡,电眼控制器就会发出信号给 DCU,DCU 控制滑动门保持打开状态并报警,避免事故发生,确保运营安全。半高站台门盲区检测(轨道侧)如图 2-53 所示。

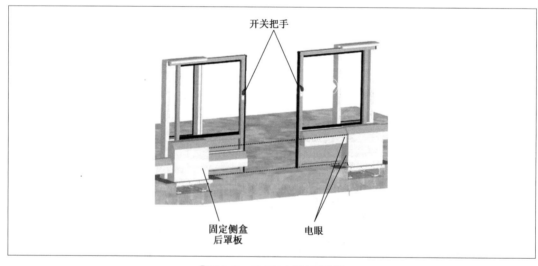

● 图 2-53 半高站台门盲区检测

电眼的检测原理是什么?电眼是光电式传感器吗?它如何反馈并控制滑动门门体动作?

## 学习任务四　门机控制单元组成

半高站台门每道滑动门单元配置一个 DCU,安装在固定侧盒中。一个 DCU 控制两个电动机,带动左、右滑动门进行同步开关运动。DCU 采用整体快速更换单元设计。在此以南京康尼机电股份有限公司的 DCU 为例进行介绍。

DCU 由 DSP、输入/输出模块、电动机驱动模块、电流检测模块、位置反馈模块、数据存储模块、接口单元及相关软件等组成。DCU 的设计方案中应用了过压保护、欠压保护、过电流保护、过载保护、换相逻辑错误保护等措施,确保系统安全运行。DCU 方案框图如图 2-54 所示。

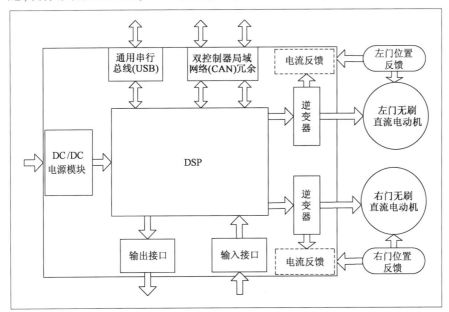

●图 2-54　DCU 方案框图

DCU 外部接口:包括底部及侧面两个部分。DCU 底部接口和 DCU 侧面接口分别如图 2-55 和图 2-56 所示。

接线定义:DCU 输入接口定义如图 2-57 所示,DCU 输出接口定义如图 2-58 所示,DCU 电源接口定义如图 2-59 所示,DCU 左、右门电动机接口定义如图 2-60 所示。

全高站台门 DCU 与半高站台门 DCU 的控制对象有区别吗?分别有什么特点与优缺点?

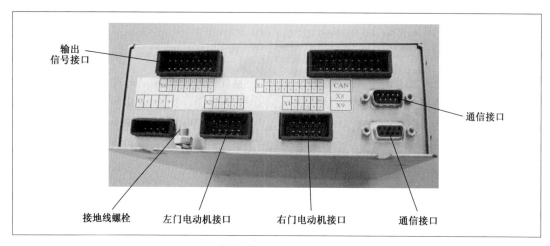

● 图 2-55 DCU 底部接口

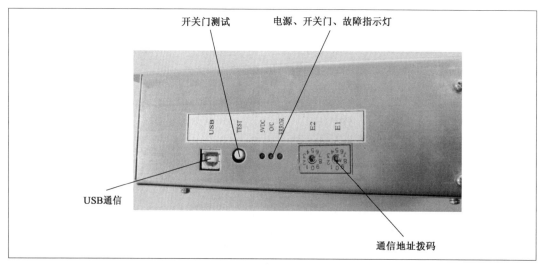

● 图 2-56 DCU 侧面接口

| COM0 1 | I01 | I03 | I05 | I07 5 | I09 | I11 | I13 | I15 | COM1 10 |
|---|---|---|---|---|---|---|---|---|---|
| I00 | I02 | I04 | I06 | I08 | I10 | I12 | I14 | I16 | I17 |

● 图 2-57 DCU 输入接口定义

| O0 1 | O1 | O3 | O5 4 | O6 | O8NO | COM2 8 |
|---|---|---|---|---|---|---|
| O0 | O1 | O2 | O4 | O7 | O8NC | |

● 图 2-58 DCU 输出接口定义

| | | | POW-1 | ENB1 | ENB2 | POW+4 | | | |

● 图2-59　DCU 电源接口定义

| PHC1 | FG | VP+ | POS1 | POS35 | PHW1 | FG | VP+ | POS4 | POS65 |
|---|---|---|---|---|---|---|---|---|---|
| PHB | PHA | | VP- | POS2 | PHV | PHU | | VP- | POS5 |

● 图2-60　DCU 左、右门电动机接口定义

**任务实施**

请完成实训六,半高站台门门机系统实训,见本教材配套实训工作页。

# 模块三

# 站台门机械系统检修

## 学习目标

(1) 掌握站台门机械系统的维修规程和工具使用。

适用岗位：机械检修、运营类岗位，站台门检修初级工。

(2) 能够熟练使用工具对站台门的门体、门机设备进行日检、月检、季检、半年检、年检维护。

适用岗位：站台门检修中级工、高级工。

(3) 掌握站台门实操技能并通过考核。

## 建议学时

6学时。

## 知识体系与任务关系图

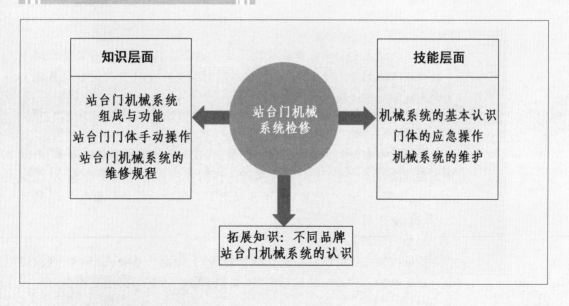

# 项目一　站台门机械检修

## 学习任务一　站台门机械检修规程

你知道地铁设备维修人员的具体工作内容吗？对保障地铁正常运营的作用表达的意思是什么呢？地铁设备维修人员为地铁的正常运营保驾护航，请想一想地铁设备维修人员应具备的基本职业素养有哪些呢？

站台门机械部分的日常检查

1. 设备维修分类

地铁站台门维修岗位的主要工作是以为保证设备正常运行而进行的设备维修保养为主，主要作业内容包括预防性维修、故障维修、一线维修、二线维修、维修车间维修。

本教材主要面向城市轨道交通运营类企业，因此本项目主要介绍机械预防性维修的流程与要点，在本教材模块七中将介绍站台门系统常见故障处理流程。

1）预防性维修

预防性维修是为了防止设备性能劣化，或为了降低设备故障概率，根据事先规定的时间间隔，定期进行维护。预防性维修包括定期检查、状态监测、关键件更换、测试、调整、校正和润滑等。预防性维修一般至少包括日检、月检、季检与年检。

2）故障维修

故障维修是针对所有非定期维修的活动，是由于系统或设备出现故障而进行的维护。故障维修包括失效、移位、隔离、拆卸、移除、更换、修理、重装、校核等。

3）一线维修

一线维修是为了保持和恢复设备的工作状态而在本地进行维修，尽量避免或减少列车乘客服务的中断。一线维修的维修人员一般负责在线执行设备的预防维护和故障维修。

4）二线维修

二线维修是跟进一线维修而进行的,包括诊断替换的故障部件、修复替换的部件、管理供应商提供的外部部件维修、电气元件的修复测试等。二线维修通常在设备系统维护企业内部进行,有时在现场也做进一步核查和深层故障分析。

5）维修车间维修

维修车间维修是站台门系统维护企业在维修车间配备一些机电工作台,对站台门的一些部件进行的维修工作,包括诊断故障部件（如设备、电路板、继电器等）;维修和调整机械部件;更换故障部件内零件;将故障部件返回供应商修理;测试验证和确认维修后操作部件的正常性;调整和校准工具和仪器;可靠性维护/预防维护。

2. 安全操作制度

**重点提示**

设备维护检修类工作最为重要的是安全。维修人员、合作操作人员以及可能在操作时遇到的其他人员的安全均至关重要。因此,必须遵守安全操作制度,不可有半点侥幸心理。

（1）所有操作都必须严格遵守通用的生产安全管理规定。轨道侧的作业应遵守轨道作业指引,相关文件参照运营公司有关安全文件。

（2）站台门操作人员必须经过专门培训,取得低压电工证,获得相关部门授权操作权限后（一般需到综控室进行登记）才能操作站台门。

（3）站台门故障或破损时,应及时安放好防护栏及警示标志,并尽快通知相关部门。

（4）开、关站台门时,应注意观察站台边人群拥挤情况,严禁在没有警告以及防护措施的情况下开、关站台门,以防止乘客跌入轨道造成伤害。

（5）故障排除后,必须手动操作站台门测试开关一次,关闭站台门后才能把 LCB 转到自动控制位置。

（6）在列车进出车站的过程中,严禁打开应急门。应急门使用后应确认关闭并锁紧,严禁使用异物阻挡应急门的关闭。

**想一想**

站台门检修的主要安全操作要点有哪些呢?

3. 检修常用工具与劳保用品

使用工具：一字螺丝刀、十字螺丝刀、T形内六角扳手组件1套、梅花和开口两用扳手1套、套筒扳手1套、快速扳手1套、双人平台梯（可折叠）、尖嘴钳、偏口钳、壁纸刀、胶带、万用表、照明灯具、扭力扳手(图3-1)、木楔、楔形塞尺(图3-2)、红外点温仪器(图3-3)等。物料:清洁布、毛刷、吹风机、吸尘器、绝缘胶带、绑扎带等。

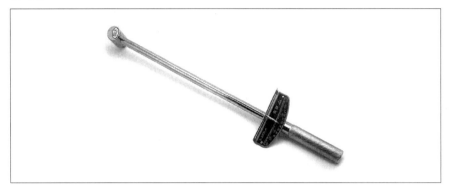

● 图3-1　扭力扳手

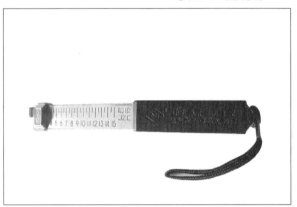

● 图3-2　楔形塞尺

● 图3-3　红外点温仪器

## 学习任务二　站台门机械检修作业

1. 机械检修主要类型

预防性维修主要是指在机械设备没有发生故障或尚未造成损坏的前提下展开一系列维修的维修方式,即通过对产品的系统性检查、设备测试和更换以防止功能故障发生,使其保持在规定状态所进行的全部活动。

站台门机械部分的预防性维修作业主要涉及以下几种类型的检修。

(1)设备运行是否正常,有无卡阻。

(2)设备的特殊功能(如滑动门的障碍物探测、手动解锁等)是否正常。

(3)主要元件是否有松脱、缺失,对应的螺钉、接线等是否有偏移与松脱。

2. 关键机械项目检修流程

关键机械项目检修流程见表3-1。

半高门机械检修作业

**关键机械项目检修流程** 表3-1

| 维保项目 | 工具/设备 | 维保步骤 | 验收准则 |
|---|---|---|---|
| 站台门外观检查 | 专用钥匙/人字梯或工作台 | (1)关闭设备控制室站台门系统供电开关。<br>(2)目测检查滑动门前挡胶条是否有变形、开裂和气泡现象。<br>(3)目测检查靠近滑动门最大开度处且安装在应急门和固定门上的密封胶条是否有变形、开裂和气泡现象。<br>(4)目测检查滑动门、固定门、应急门和端门门框是否有明显损伤。<br>(5)目测检查滑动门、固定门、应急门和端门的玻璃是否有裂纹。<br>(6)将滑动门手动打开到最大位,在轨道侧目测检查下导轨的滑条是否有翻边和明显缺损。<br>(7)逐一检查门槛有无明显机械损伤。<br>(8)检查站台板结构层与支承座之间垫片是否脱落。<br>(9)专用钥匙打开维护罩。<br>(10)检查接地碳刷和汇流铜排是否有损坏情况。<br>(11)检查密封毛刷有无变形和缺损严重。<br>(12)检查固定和连接门扇以及悬挂机构的连接件有无变形和损伤。<br>(13)检查丝杆和电动机的支架有无变形、开裂和损伤。<br>(14)填写记录表。<br>(15)关闭维护罩并锁紧。<br>(16)恢复设备控制室的站台门系统的供电开关 | (1)滑动门前挡胶条无变形、开裂和气泡现象。<br>(2)站台门门框无明显损伤。<br>(3)玻璃无裂痕。<br>(4)滑动门下导轨的滑条无翻边和明显缺损。<br>(5)门槛无明显缺损。<br>(6)接地碳刷无明显磨损。<br>(7)密封毛刷无变形和严重缺损。<br>(8)固定和连接门扇以及悬挂机构的连接件无变形和损伤。<br>(9)固定丝杆和电动机的支架无变形、开裂和损伤 |
| 滑动门的门状态指示灯检查 | 无 | 检查门状态指示灯是否正常点亮。<br>(1)操作PSL开门,将门体打开。<br>(2)逐一检查每个单元的门状态指示灯是否正常点亮。<br>(3)填写记录表。<br>(4)关闭站台门,恢复PSL。<br>(5)填写记录表 | 单元门打开后,门状态指示灯能够正常点亮 |
| 滑动门障碍物功能检测 | 厚5mm、宽40mm的钢制板、人字梯或工作台 | 站台门障碍物探测功能检测。<br>(1)用专用钥匙将LCB拨至手动位置,使滑动门处于手动状态。<br>(2)用专用钥匙解开顶箱的压紧锁并打开维护罩。<br>(3)在站台侧手握5mm厚的钢制板并置于滑动门关闭位置处。<br>(4)操作维护开关关闭滑动门,检查滑动门状态。<br>(5)连续操作维护开关3次关闭滑动门,检查滑动门状态。<br>(6)填写记录表。<br>(7)将LCB拨至自动位置,使滑动门处于自动状态。<br>(8)关闭维护罩并锁紧 | 在滑动门关闭过程中,门扇夹住5mm的钢制障碍物时:<br>(1)滑动门应打开,打开位置约为开度的一半。此时所有滑动门关闭指示灯不应亮。滑动门经过短时间(0~10s可调)静止后,滑动门将自动关闭。<br>(2)通过3次障碍物检测运行以后,滑动门自动打开到最大开度。<br>(3)当再次接收到关门信号后,滑动门关门报警启动,报警声音响起,顶箱上的开门指示灯闪动,门关闭 |

续上表

| 维保项目 | 工具/设备 | 维保步骤 | 验收准则 |
|---|---|---|---|
| 滑动门的手动开、关门功能检测 | 推拉力计 | 检查手动开、关滑动门的情况。<br>(1)关闭设备控制室的站台门供电开关。<br>(2)轨道侧压下手动开门把手打开滑动门,检查滑动门的状态。<br>(3)站台侧通过解锁钥匙打开滑动门,检查滑动门的状态。<br>(4)手动关闭滑动门后,检查滑动门是否被锁紧。<br>(5)填写记录表。<br>(6)恢复设备控制室的站台门供电开关。<br>(7)检查开门力。<br>(8)使用推拉力计进行测量;检修标准为手动解锁力≤67N,手动开门力≤133N;解锁装置功能正常<br><br>推拉力计测量图 | (1)压下滑动门的手动开门把手或旋转手动解锁钥匙,使电磁锁解锁。<br>(2)解锁后能手动打开滑动门。<br>(3)滑动门关闭后,拉动门扇应不能被打开 |
| 测量关键部位间隙 | 楔形厚度尺 | (1)在站台侧以楔形厚度尺测量滑动门、固定门、应急门和端门的各扇门下沿的任意2处到门槛面的距离。<br>(2)填写记录表<br><br>楔形厚度尺测量图 | (1)门扇底部与门槛表面之间的距离为6~14mm。<br>(2)固定门立柱或者应急门立柱与滑动门之间的间隙为4~7mm。<br>(3)左右滑动门之间下部缝隙比上部缝隙大1~2mm,即门体为"八"字形 |
| 固定螺栓等的检查 | 扭力扳手、防松记号漆、人字梯或工作台 | (1)关闭设备控制室的站台门供电开关。<br>(2)在站台侧分别检查应急门和端门的紧固件;应急门锁和端门锁的紧固件;固定门的紧固件;百叶窗的紧固件;滑动门的紧固件;滑动门手动锁的紧固件;维护罩的紧固件。<br>(3)在轨道侧检查后盖板固定紧固件及后盖板外形有无变形。 | 运动部位的螺钉紧固牢靠 |

续上表

| 维保项目 | 工具/设备 | 维保步骤 | 验收准则 |
|---|---|---|---|
| 固定螺栓等的检查 | 扭力扳手、防松记号漆、人字梯或工作台 | (4)如上述螺钉有松脱,则需用扭力扳手上紧并达到拧紧力矩值,然后重新点漆做记号。<br>(5)填写记录表。<br>(6)恢复设备控制室的站台门供电开关<br><br>用扭力扳手在轨道侧紧固螺栓示意图 | 运动部位的螺钉紧固牢靠 |
| 门机系统电磁锁的检查 | 专用钥匙/人字梯或工作台 | (1)用滑动门维护罩的专用钥匙将滑动门维护罩打开。<br>(2)关闭 DCU 的空气开关。<br>(3)检查开关组件和接线是否松动。<br>(4)手动将开关的触点压下,再松开,观察动作是否灵活。<br>(5)推上 DCU 的空气开关。<br>(6)用 LCB 的专用钥匙将 LCB 拨至手动开门位置,观察锁舌是否在开门瞬间抬起,锁到位开关的活动触头同时抬起,锁舌在开门过程中落下,同时压下锁到位开关的活动触头。<br>(7)检查电磁锁部件,用手推动电磁铁衔铁,如出现卡滞现象,直接更换新的电磁铁组件。<br>(8)填写记录表 | (1)开关组件固定无松动。<br>(2)开关活动触点压下和弹起动作灵活可靠。<br>(3)接线无松动。<br>(4)电磁铁动作正常。<br>(5)开、关门动作正常 |
| DCU 检修 | 专用钥匙/人字梯或工作台 | 关门防夹功能检查。<br>(1)将 LCB 拨至手动关门位置。<br>(2)在门的关门过程中,施加一个障碍,使门停止运动,在门再次关闭后,再次施加障碍,重复操作,直至门停止运动。<br>(3)将 LCB 开、关门钥匙开关拨至关门位置。<br>(4)将 LCB 开、关门钥匙开关拨至开门位置 | (1)障碍检测被激活后,将会施加一个持续约0.5s的最大关门力,之后滑动门将自动打开并停止不动,2s(在 0~10s 可调)后滑动门再次关闭,以便清除障碍物。这个循环将重复3次(防挤压次数可调)。<br>(2)恢复后,开、关滑动门动作正常 |

续上表

| 维保项目 | 工具/设备 | 维保步骤 | 验收准则 |
| --- | --- | --- | --- |
| DCU 检修 | 专用钥匙/人字梯或工作台 | 开门防夹功能检查。<br>(1)用滑动门维护罩专用钥匙将滑动门维护罩打开。<br>(2)将 LCB 拨至手动开门位置。<br>(3)在滑动门的开门过程中,施加一个障碍,使门停止运动,在门再次开启后,再次施加障碍,重复操作,直至门停止运动。<br>(4)将 LCB 开、关门钥匙开关拨至关门位置。<br>(5)将 LCB 开、关门钥匙开关拨至开门位置。<br>(6)填写记录表 | (1)障碍检测可被激活 6 次。开门时若有障碍会使开门循环停止 1s,在 6 次开门动作之后门会停在此位置并且 DCU 会认为此位置是最大可达开门位置。<br>(2)此时任何关门指令都可将门关闭。<br>(3)恢复后,开关滑动门动作正常 |
| | 无 | 紧急解锁功能检修。<br>(1)当滑动门关闭后,在轨道侧压下紧急开关将滑动门手动打开。<br>(2)操作 PSL 上的开、关门钥匙旋钮,滑动门无响应。<br>(3)填写记录表 | (1)操作手动解锁装置后,在 1min 之内,可以用手将门打开或关闭,蜂鸣器持续鸣响,1min 之后滑动门将自动关闭,蜂鸣器鸣响直至门完全关闭。<br>(2)任何关门指令都可将滑动门关闭。<br>(3)恢复后,开关滑动门动作正常 |
| 门机系统的到位开关检查 | 专用钥匙/人字梯或工作台 | 滑动门的到位开关检查。<br>(1)用滑动门维护罩专用钥匙将滑动门维护罩打开。<br>(2)检查开关组件和接线是否松动。<br>(3)手动将开关的触点压下,再松开,观察动作是否灵活。<br>(4)手动将滑动门拉至关门位置,观察开关是否被正确压下。<br>(5)用 LCB 的专用钥匙将 LCB 拨至手动开门及手动关门位置,检查滑动门动作是否正常;观察 DCU 上的故障指示灯是否有门关到位故障报警或门未关到位故障报警。<br>(6)填写记录表 | (1)开关组件固定无松动。<br>(2)开关活动触点压下和弹起动作灵活可靠。<br>(3)接线无松动。<br>(4)滑动门动作正常,无滑动门未到位或关到位故障报警 |
| 丝杆类传动装置检查 | 钢制刻度尺、5 号内六角扳手、人字梯或工作台 | 若为丝杆类传动装置,应检查丝杆螺母副与丝杆之间的轴向间隙。<br>(1)用维护罩的专用钥匙打开维护罩。<br>(2)关闭本站台门单元的供电开关。<br>(3)松脱螺母铰链和承载小车之间的内六角圆柱头螺钉。<br>(4)以轻力左右推动螺母铰链并确保丝杆不转动,用钢制刻度尺检查螺母铰链与丝杆之间的间隙。<br>(5)填写记录表。<br>(6)重新紧固螺母铰链和承载小车之间的内六角圆柱头螺钉。<br>(7)恢复本滑动门单元的供电开关。<br>(8)关闭维护罩并锁紧 | 丝杆螺母与丝杆之间的轴向间隙小于 4mm |

续上表

| 维保项目 | 工具/设备 | 维保步骤 | 验收准则 |
|---|---|---|---|
| 齿型皮带类传动装置检测 | 2kg砝码、尺子 | 若为齿型皮带类传动装置,应进行齿型皮带变形量测量。<br>(1)使用2kg砝码放在齿型皮带中部,并用尺子测量齿型皮带变形量。<br>(2)异常处理:对于齿型皮带损坏的及时更换<br><br>皮带传动测量 | 齿型皮带张紧力适中(2kg砝码变形≤15mm) |
| 应急门、端门检查 | 专用钥匙/人字梯或工作台 | 应急门、端门信号开关检查。<br>(1)将应急门、端门维护罩打开。<br>(2)检查开关组件是否松动。<br>(3)手动将开关的触点压下,再松开,观察动作是否灵活。<br>(4)打开应急门、端门,观察在监控界面上是否有对应的应急门、端门打开的显示。<br>(5)关闭应急门、端门,观察在监控界面上是否有对应的应急门、端门关闭的显示。<br>(6)填写记录表<br><br>应急门、端门信号开关检查 | (1)开关组件固定无松动。<br>(2)开关活动触点压下和弹起动作灵活可靠。<br>(3)接线无松动。<br>(4)应急门、端门关到位后,开关正常动作。<br>(5)应急门、端门的开、关门状态在监控界面上有正确显示 |
| DCU检查 | 维修门四角钥匙 | 检查DCU是否有异常报警。<br>(1)检查站台门设备房、车控室软件监控界面上的单门图标是否都为正常状态(绿色)。<br>(2)若单门图标呈灰色或黄色,则表示此门存在故障。<br>(3)打开故障单元门,观察DCU故障指示灯闪烁次数,确定故障原因。<br>(4)排除故障 | (1)IBP监控软件界面上单门图标显示正常(绿色)。<br>(2)每个DCU的故障指示灯不亮。<br>(3)DCU工作正常 |

## 任务实施

请完成实训七,站台门机械系统检修实训,见本教材配套实训工作页。

# 项目二　站台门零部件更换

站台门零部件为什么要进行更换？零部件更换原则是什么？

站台门零部件更换和维修常用的操作工具及设备主要有六角扳手、扭力扳手、螺丝刀、玻璃吸盘、压线钳、钢尺、卷尺、游标卡尺等。

## 学习任务一　紧固件紧固

维修后，站台门零部件（如固定侧盒与站台板、固定侧盒与驱动机构、滑动门系统、门槛、门栏、应急门、固定门等）的螺栓/螺钉拧紧力矩应符合标准。螺栓/螺钉拧紧力矩参考表见表3-2。

螺栓/螺钉拧紧力矩参考表　　　　表3-2

| 规格 | 拧紧力矩 $T$(N·m) | |
| --- | --- | --- |
| | 8.8级 | A2-70 |
| M4 | 2.1 | 1.9 |
| M5 | 4.3 | 3.7 |
| M6 | 7.3 | 6.4 |
| M8 | 17.6 | 15.4 |
| M10 | 34.9 | 30.6 |
| M12 | 60.9 | 53.3 |
| M16 | 151.3 | 132.3 |
| M20 | 295 | 258.2 |

注：表中数据为机械构件紧固件的拧紧力矩，与土建相连的螺栓/螺钉(M16或M20)的拧紧力矩为100N·m。

按照规定力矩拧紧螺栓（钉）或螺母后，用油性记号笔对螺栓（钉）、螺母、垫圈和连接体作防松标记。黑色线条为自检标记，红色线条为互检标记。M4以上的螺栓（钉）或螺母应采用平行直线涂画标记，M4及M4以下的螺栓（钉）或螺母可采用不平行或交叉线涂画标记。螺栓（钉）、螺母、垫圈和连接体标记示意图如图3-4所示。

● 图 3-4　螺栓(钉)、螺母、垫圈和连接体标记示意图

标记线涂画要求如下。

(1)从螺母端紧固的,在可视部位从固定件的表面画到螺母的侧面;螺栓螺纹露出长度不大于5mm,防松标记应涂满整个螺纹段;螺栓螺纹露出长度大于5mm,防松标记长度应为5~15mm。从螺栓端紧固的,在可视部位从固定件的表面画到螺栓的头部。

(2)M10以上的螺栓标记线长度为2.5~3mm;M10以下的螺栓标记线长度为1.5~2mm。

同一面或同一侧多个螺栓涂画,红、黑记号线方向应保持一致;当标记需要重新涂画时,应用异丙醇清洗后,再按照上述要求进行涂画。

站台门更换的典型的机械零部件主要有滑动门门口胶条、电刷、丝杆螺母副、缓冲头组件、滑动门滚轮等易耗件。

## 学习任务二　滑动门胶条更换

[工具]:4号内六角扳手、肥皂水、涂抹布、LCB专用钥匙、维护罩专用钥匙、495瞬干胶。

[更换时间]:夜间地铁列车停止运行时。

[操作人数]:2人。

[验收准则]:胶条完好且不会在滑动门运作中松脱。

更换滑动门胶条图解如图3-5所示。

[步骤]:

(1)用LCB专用钥匙将LCB拨到隔离位置,使滑动门处于隔离状态;

(2)操作者站在置于站台侧的人字梯或工作台上;

● 图 3-5　更换滑动门胶条图解

(3) 用维护罩专用钥匙解开顶箱压紧锁并打开维修盖板;
(4) 拆除十字槽盘头螺钉,并取下胶条内金属套;
(5) 抽出左、右滑动门的胶条;
(6) 将涂抹布放入清洁桶并吸收清洁剂;
(7) 用带清洁剂的涂抹布涂抹在胶条安装面和门框上的型材压条上;
(8) 将新的胶条从门扇的上方往下拉,使胶条贯穿在门框的型材压条上;
(9) 检查胶条安装是否牢靠;
(10) 手动关闭滑动门,检查左、右滑动门关闭时胶条是否闭合平齐且无缝隙;
(11) 固定好胶条止动螺钉、隔套;
(12) 关闭维护罩的维修盖板并锁紧;
(13) 将 LCB 拨到自动位置,使滑动门处于自动状态。

# 学习任务三　驱动电动机更换

[工具]:4 号内六角扳手、5 号内六角扳手、LCB 专用钥匙、维护罩专用钥匙。
[更换时间]:夜间地铁列车停止运行时。
[操作人数]:1 人。
[验收准则]:滑动门移动顺畅及 PSC 的信号有效。
图 3-6 所示为驱动电动机的安装结构和更换的示意图。

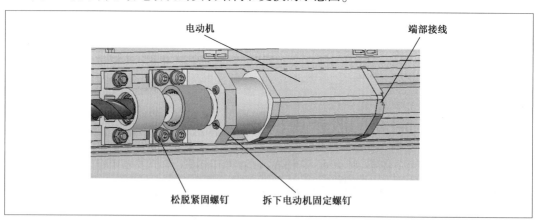

● 图 3-6　驱动电动机的安装结构和更换的示意图

[步骤]:
(1) 用 LCB 专用钥匙将 LCB 拨到隔离位置,使滑动门处于隔离状态;
(2) 操作者站在置于站台侧的人字梯或工作台上;
(3) 用维护罩专用钥匙解开顶箱的压紧锁并打开维修盖板;
(4) 关闭本站台门单元的供电开关;
(5) 拆除端部电动机电源线及控制线;
(6) 松开靠近电动机侧的联轴器上的内六角螺钉,向右抽出电动机组件;

(7)松脱安装电动机的4个内六角螺钉并将电动机拆除;

(8)在同一位置安装新电动机并紧固4个内六角螺钉;

(9)拧紧靠近电动机侧的联轴器上的内六角螺钉;

(10)重新插上电动机电源线及控制线;

(11)打开本站台门单元的供电开关;

(12)将LCB拨到手动位置,使滑动门处于手动状态;

(13)操作调试开关,开、关滑动门,检查滑动门运行是否顺畅并无杂声;

(14)关闭维护罩的维修盖板并锁紧;

(15)将LCB拨到自动位置,使滑动门处于自动状态;

(16)移走人字梯或工作台。

## 学习任务四　传动与悬挂装置更换

1.更换丝杆螺母副

[工具]:套筒扳手1套、轴用和孔用卡簧钳、5号和6号内六角扳手、LCB专用钥匙、维护罩专用钥匙。

[设备]:人字梯或工作台。

[更换时间]:夜间地铁列车停止运行时。

[操作人数]:2人。

[验收准则]:滑动门运行顺畅,无杂声。

图3-7所示为丝杆螺母副的安装结构和更换的示意图。

[步骤]:

(1)用LCB专用钥匙将LCB拨到隔离位置,使滑动门处于隔离状态;

(2)操作者站在置于站台侧的人字梯或工作台上;

(3)用维护罩专用钥匙解开维护罩的压紧锁并打开维修盖板;

(4)关闭本站台门单元的供电开关;

(5)标记左、右支架和电动机支架的安装位置;

(6)取下卡簧,拔出连接拨叉和承载小车上的轴并取下拨叉;

(7)松开左侧丝杆支承座上的螺母,取下丝杆支承座并从丝杆左端旋出螺母更换(螺母套要与之前的螺母套的旋向一致);

(8)松开丝杆中间支承螺母并取下支承,从右丝杆左端旋出右螺母并更换(螺母套要与之前的螺母套的旋向一致);

(9)当螺母副靠近中支架时,测量两个螺母副到中支架的距离是否相等,如不相等需转出螺母副并重新将螺母副套上;

(10)将左、右支架重新安装到原来的位置,并重新安装丝杆上的卡簧,同时拧紧左、右支架上的螺母;

(11)拨叉与螺母副连接后,安装连接轴及卡簧;
(12)手动开关滑动门,检查滑动门运行是否顺畅,是否有杂声;
(13)关闭维护罩的维修盖板并锁紧;
(14)将 LCB 拨到自动位置,使滑动门处于自动状态。

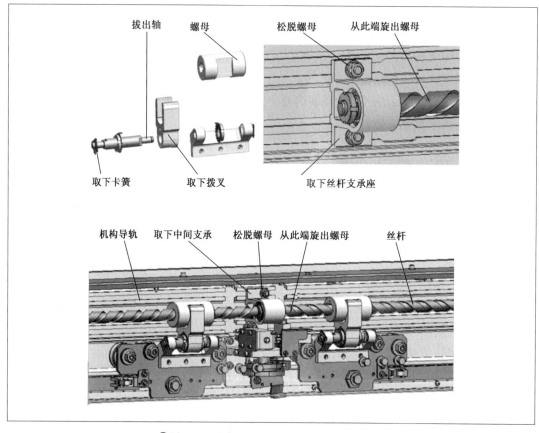

● 图 3-7 丝杆螺母副的安装结构和更换的示意图

2.更换滑动门滚轮

[工具]:6 号内六角扳手、9 号活动扳手、8mm×50mm×50mm 的尼龙块 2 块、17 号套筒扳手、LCB 专用钥匙、维护罩专用钥匙。

[更换时间]:夜间地铁列车停止运行时。

[操作人数]:3 人。

[验收准则]:左、右滑动门竖直并在同一平面内,滑动门运行顺畅。

图 3-8 所示为滑动门滚轮的安装结构和更换的示意图。

[步骤]:

(1)用 LCB 专用钥匙将 LCB 拨到隔离位置,使滑动门处于隔离状态;
(2)操作者站在置于站台侧的人字梯或工作台上;
(3)用维护罩专用钥匙解开维护罩的压紧锁并打开维修盖板;
(4)关闭本站台门单元的供电开关;

(5)取下卡簧,拔出连接拨叉和承载小车上的轴并取下拨叉;
(6)松开安装防跳轮的螺母并将防跳轮调到最低位置;
(7)将左门扇手动打开到适合拆卸承载小车和操作人员扶持门扇的最佳位置,并在门扇底部与门扇之间垫上 2 块尺寸为 8mm×50mm×50mm 的尼龙块;
(8)要求两名操作人员扶住左门扇,准备拆卸承载小车;
(9)松脱将承载小车固定在滑动门携门架上的 M10 螺栓;
(10)从型材导轨上取下承载小车;
(11)松脱承载小车上的螺母并取下承载轮组件和防跳轮组件;
(12)将新的承载轮组件和防跳轮组件插入安装板,并拧紧承载轮上的 M12 的螺母;
(13)将承载小车挂在型材导轨上,拧紧连接门扇与承载小车的螺栓(拧紧螺栓之前需保证门扇竖直),并调整防跳轮位置;
(14)按照以上步骤更换安装在右门扇上的承载小车的滚轮;
(15)手动将滑动门关闭,检查左、右滑动门是否竖直并在同一平面内;
(16)手动开、关滑动门,检查滑动门运行是否顺畅;
(17)打开本站台门单元的供电开关;
(18)关闭维护罩的维修盖板并锁紧;
(19)将 LCB 拨到自动位置,使滑动门处于自动状态。

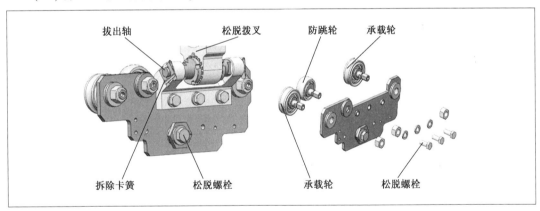

● 图 3-8  滑动门滚轮的安装结构和更换的示意图

## 学习任务五  滑动门锁紧装置更换

[工具]:十字螺丝刀、3 号内六角扳手、14 号套筒扳手、LCB 专用钥匙、维护罩专用钥匙。
[更换时间]:夜间地铁列车停止运行时。
[操作人数]:1 人。
[验收准则]:滑动门可靠关闭并锁紧,PSC 和 DCU 的信号有效。
图 3-9 所示为更换锁紧装置的图解。

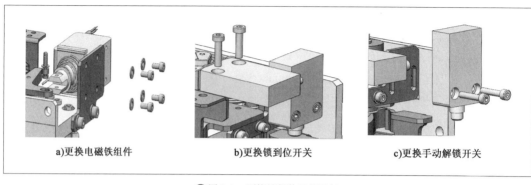

● 图 3-9 更换锁紧装置的图解

[步骤]：

（1）用 LCB 专用钥匙将其拨到手动位置，关闭 LCB 电源开关，使滑动门处于隔离状态；

（2）操作者站在置于站台侧的人字梯或工作台上；

（3）用维护罩专用钥匙解开维护罩的压紧锁并打开维修盖板；

（4）关闭本站台门单元的供电开关；

（5）检查已损坏需要更换的零部件（电磁铁组件、锁到位开关和手动解锁开关），故障零部件及更换步骤见表 3-3；

故障零部件及更换步骤　　　　　　　　　　表 3-3

| 故障零部件 | 电磁铁组件 | 锁到位开关 | 手动解锁开关 |
|---|---|---|---|
| 更换步骤 | 拆除电磁铁的线路 | 拆除锁到位开关线路 | 拆除手动解锁开关线路 |
| | 用 14 号套筒扳手松开安装螺栓 | 用十字螺丝刀松开安装锁到位开关的十字槽盘头螺钉 | 用 3 号内六角扳手松开安装手动解锁开关的内六角螺钉 |
| | 用 3 号内六角扳手松开安装组件的 4 个内六角螺钉，并取下电磁铁组件 | 换用新的锁到位开关，并用十字螺丝刀拧紧十字槽盘头螺钉 | 换用新的手动解锁开关，并用 3 号内六角扳手拧紧内六角螺钉 |
| | 更换新的电磁铁组件，并用 3 号内六角扳手拧紧螺钉固定电磁铁组件 | 恢复锁到位开关的接线 | 恢复手动解锁开关的接线 |
| | 手动检查电磁铁运动是否顺畅 | | |
| | 用 14 号套筒扳手重新拧紧安装螺栓并固定锁紧装置 | | |
| | 恢复电磁铁的接线 | | |

（6）打开本站台门单元的供电开关；

（7）关闭维护罩的维修盖板并锁紧；

（8）将 LCB 拨到自动位置，使滑动门处于自动状态。

## 学习任务六　门状态指示灯更换

[**工具**]：十字螺丝刀、9号活动扳手、LCB专用钥匙、维护罩专用钥匙。
[**更换时间**]：夜间地铁列车停止运行时。
[**操作人数**]：1人。
[**验收准则**]：滑动门全开时门状态指示灯应长亮，正开启及关闭时门状态指示灯应闪烁。

图3-10所示为更换滑动门的门状态指示灯的图解。

[**步骤**]：

（1）用LCB专用钥匙将其拨到隔离位置，使滑动门处于隔离状态；

（2）操作者站在置于站台侧的人字梯或工作台上；

（3）用维护罩专用钥匙解开维护罩的压紧锁并打开维修盖板；

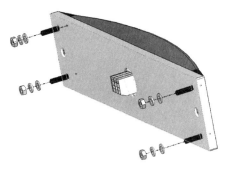

图3-10　更换滑动门的门状态指示灯的图解

（4）关闭本站台门单元的供电开关；

（5）拆除门状态指示灯的接线；

（6）松开十字槽盘头螺钉并拆下门状态指示灯；

（7）更换新的门状态指示灯并用十字槽盘头螺钉紧固；

（8）恢复门状态指示灯的接线；

（9）打开本站台门单元的供电开关；

（10）将LCB拨到手动位置，使滑动门处于手动状态；

（11）操作调试开关开、关滑动门，检查当滑动门全开时门状态指示灯是否长亮，正开启及关闭时门状态指示灯是否闪烁；

（12）关闭维护罩的维修盖板并锁紧；

（13）将LCB拨到自动位置，使滑动门处于自动状态。

# 模块四

# 站台门控制系统的操作与应急处理

### 学习目标

（1）掌握站台门控制系统的组成、等级关系与功能。
适用岗位：运营类岗位，站台门检修初级工。
（2）掌握站台门控制设备的操作规程。
适用岗位：运营类岗位，站台门检修初级工。
（3）掌握站台门控制系统的运行原理。
适用岗位：运营类岗位，信号检修类岗位，站台门检修中级工。
（4）掌握站台门的故障应急处理流程。
适用岗位：运营类岗位，站台门检修初级工。
（5）掌握站台门实操技能并通过考核。

### 建议学时

16学时。

### 知识体系与任务关系图

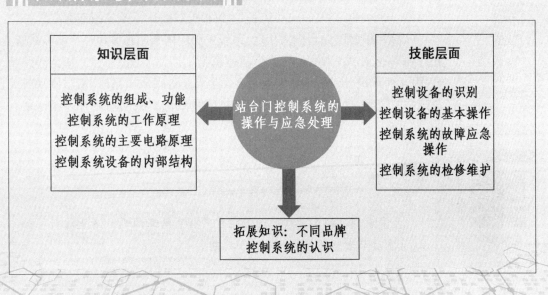

# 项目一　站台门控制系统认知与操作

**情境思考**

北京地铁8号线正常运行,当列车进站时,站台门与列车门同时打开;当列车离站时,站台门关闭,请思考,站台门与列车门是如何实现联动控制功能的呢?

当列车进站后,乘客闯门导致门体报警全开,此时应该如何处理?

不同站台门由不同的控制设备进行控制,本项目将对站台门的控制系统进行说明。

## 学习任务一　控制系统的认知

1. 控制系统功能总述

站台门系统电气部分包括电源系统、控制系统和监视系统。由于站台门与信号系统之间特殊的关联性,正常情况下,站台门应实现与信号系统的联动、联锁功能。

(1)联动功能:通过信号系统实现站台门与列车门的联动控制,站台门与列车门联动开门、关门的动作顺序,可根据线路运营要求调整确定。

(2)联锁功能:站台门关闭后,系统发出门体关闭锁紧信息给信号系统,允许列车进、出站;当站台门单个门体或整个门体不能关闭时,安全回路断开,阻止列车进、出站。因此,有时会发生列车进站或出站时,紧急制动或无法离站的情况,这可能是由站台门未锁闭导致的。联锁功能可以保证乘客的上、下车安全。

控制系统概述

**想一想**

大家看到过列车紧急制动与站台门有关的新闻吗?请关注新闻摘录,看完后与老师同学们分享一下感想。

控制系统与监视系统分布在车站的各个部分，对站台门整体进行控制，实现自动、手动、故障模式等情况的控制。站台门系统图如图 4-1 所示。图中标示了站台门控制系统、监视系统、电源系统与信号系统的工作原理，为了便于读者理解，请大家在对本图有基本印象的情况下对后续内容进行具体学习后再重新看本图。

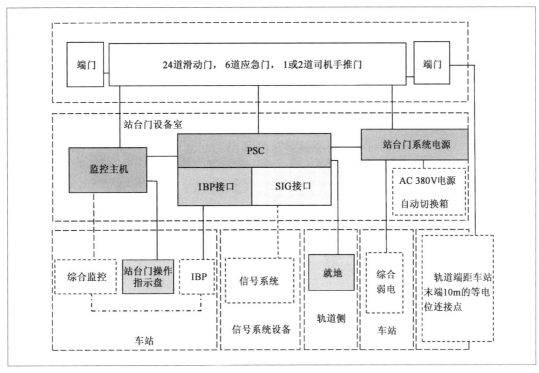

● 图 4-1　站台门系统图

站台门的控制有系统级控制、站台级控制、紧急级控制、就地级控制以及手动解锁 5 种控制模式。

系统级控制：正常情况下使用，当列车进站时，经由信号系统通过 PSC 控制站台门。

站台级控制：由两侧站台的 PSL 控制，优先级别高于系统级控制。当系统级控制不能正常实现时，列车司机或站台工作人员通过发车端 PSL 对站台门进行开/关门操作，实现站台级控制。

紧急级控制：当车站、区间发生火灾等紧急事件，需要在车站紧急疏散时，通过设置在综控室 IBP 上的紧急控制按钮，开启站台门。

就地级控制：在单挡滑动门处，利用 LCB 电控方式控制滑动门的开启或关闭。

手动解锁：当滑动门因故障无法正常开门时，乘客可以从轨道侧通过操作手柄机械解锁将滑动门打开；站台人员可以从站台侧通过钥匙机械解锁将滑动门打开。

站台门控制系统如图 4-2 所示，由 DCU、通信介质和通信接口等设备组成。

2. 站台门系统级控制——PSC

在正常情况下，站台门的开关均由信号系统通过 PSC 来控制两侧站台门，每个 PSC 由两

站台门系统级——信号系统控制

个单元控制器（PEDC）组成，分别控制上、下行，且互不干扰。站台门系统级控制开、关门过程分别如图4-3、图4-4所示。门体开门到位后，乘客上、下车；门体关闭后，需确认门体关闭锁紧，由PSC反馈关闭锁紧信号后，信号系统才可以放行列车离开。可见，PSC的作用至关重要。

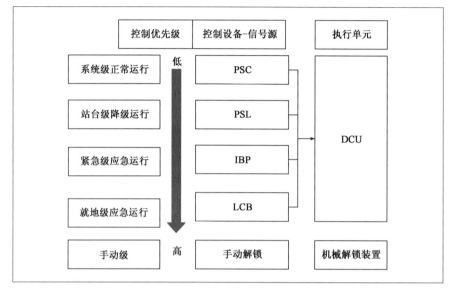

● 图4-2　站台门控制系统

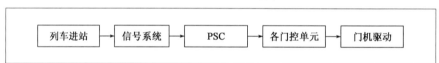

● 图4-3　站台门系统级控制（开门过程）

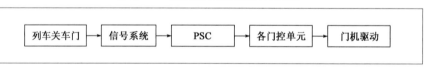

● 图4-4　站台门系统级控制（关门过程）

PSC由PEDC和监视设备构成，实物图如图4-5所示。每个PEDC各控制一侧站台的站台门，各PEDC都配备有与相应侧信号系统进行接口的设备。

站台门系统级控制讲解

**不同品牌的 PEDC**

根据功能范围不同，PEDC可分为如下两种。

一是美国西屋电气公司为代表的PEDC，兼具3个功能：向DCU转发开、关门命令的功能；驱动门状态指示灯显示开、关门状态和安全回路的功能;与综合监控系统(ISCS)和DCU通信的功能,即控制与监控通信功能,不配置工控机。

二是日本那博克公司为代表的PEDC,其具有向DCU转发开、关门命令的功能;驱动门状态指示灯显示开、关门状态和安全回路的功能,但没有通信功能。因此,必须设置工控机实现通信和信息记录功能。

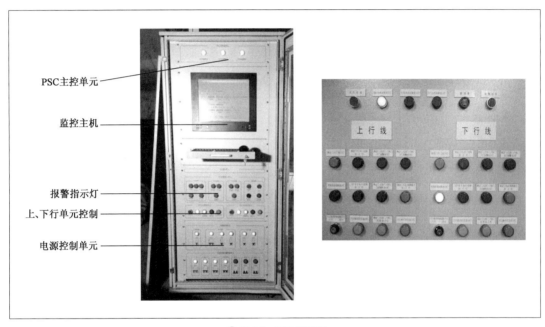

● 图4-5 PSC实物图

PSC内部的PEDC能完成与其他系统接口间的联系,如将两侧站台门的状态信息集成,并将信息以每个车站为单位与ISCS等进行数据传送。

根据PSC实物图,请分析PSC是否可以对门体进行手动操作。

3. 站台门站台级控制——PSL

是否遇到过站台门关闭后重新开关一次的情况呢?多数由乘客闯门或障碍物导致的门体重新开关,是通过PSL重新开关门控制模式来实现的。

站台门PSL控制（合肥地铁）

PSL控制开/关门的控制级别高于信号系统控制模式,低于IBP、LCB、手动3个控制模式。其现象为当PSL发出开门命令时,如果控制级别高的模式发出关门命令,如某道滑动门LCB发出关门命令,此时该道滑动门不动,其余滑动门打开;当PSL发出关门命令时,如果控制级别高的模式发出开门命令,如IBP发出开门命令,此时整侧滑动门打开。

PSL被设置在端门里面的墙壁上,具有一侧门开/关门功能与互锁解除功能。PSL如图4-6所示。

站台级控制操作

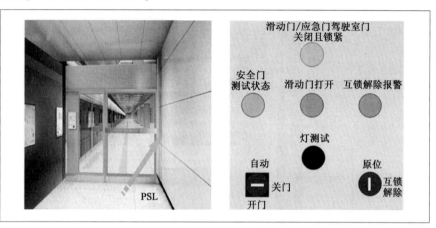

● 图4-6 PSL

> 部分公司增加有PSL使能钥匙开关,如果要使用PSL控制门体,需先打开使能钥匙开关。

PSL控制一般是在系统级控制出现故障、站台门需要重新开/关、信号系统故障以及信号系统与中央控制盘(PSC)开/关门指令界面故障的状态下,由列车司机或站务人员在站台PSL上对滑动门进行开/关门的控制。具体功能如下。

(1)开门操作功能:列车司机或站务人员将PSL开/关门钥匙开关打到开门位发出开门指令,滑动门开始打开,PSC面板、PSL、IBP、整合屏上的所有"关闭锁紧"状态指示灯熄灭。滑动门完全打开后,PSC面板"开门指示"状态指示灯点亮。

(2)关门操作功能:列车司机或站务人员将PSL开/关门钥匙开关打到关门位发出关门指令,滑动门开始关闭,当站台门全部关闭且锁紧后,PSC面板、PSL、IBP所有"关闭锁紧"状态指示灯点亮。

(3)互锁解除功能:当滑动门全部关闭后,所有关闭锁紧信号丢失或信号系统无法确认站台门是否锁闭而不能发车时,列车司机或站务人员在PSL

上对互锁解除开关进行互锁解除操作,"互锁解除"状态指示灯点亮。转动互锁解除钥匙开关可将互锁解除信号送到信号系统。当转动的力释放后,钥匙开关通过自复位功能自动回到正常位置。

PSL 的指示灯具有提示效果,主要包括以下提示信息。

(1)"关闭锁紧"状态指示灯为绿色,当所有门单元关闭并锁紧后,该指示灯点亮;当某一个滑动门/应急门没有关闭且锁紧时,该指示灯熄灭。

(2)"开门指示"状态指示灯为红色,当所有滑动门单元全开到位后,这个绿色的指示灯点亮;当滑动门处于打开/关闭的过程中时,这个绿色的指示灯闪烁。

(3)"互锁解除"状态指示灯为红色,互锁解除强制钥匙开关被执行时,该指示灯点亮。

(4)指示灯测试按钮为绿色,按下指示灯测试按钮后,PSL 上所有的指示灯将被点亮,以检测损坏的指示灯。

4. 紧急级控制——IBP

IBP 控制模式以每侧站台门为独立的控制对象。在车站紧急情况下(如火灾等),在车站控制室操作 IBP 上的开门按钮,打开站台门滑动门,滑动门完全打开后 PSC 面板、PSL、IBP 上的开门指示灯亮。本命令属于紧急状态下的紧急开门命令,优先级高于 PSL 控制和系统级控制。

IBP 盘面如图 4-7 所示。

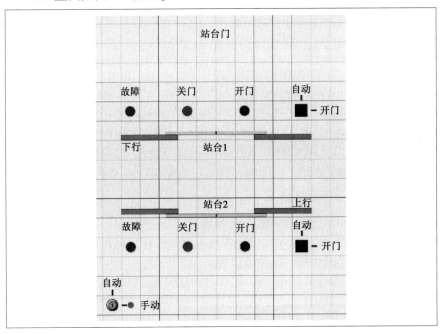

紧急级控制操作

● 图 4-7　IBP 盘面

在 IBP 上设置开门/自动钥匙、手/自动钥匙、开门状态指示灯、关门状态指示灯、关门锁紧指示灯。如果使用 IBP 开门,需使手动钥匙、开门钥匙对位,方起到作用。

开门、关门状态指示灯能实时反映门状态,显示功能与 PSL 的状态指示灯一致。

5. 站台门就地级控制——LCB

手动操作是指站台工作人员或乘客对站台门进行的手动操作。当系统电源或个别站台门操作机构发生故障时,站台工作人员可在站台侧用钥匙打开站台门,或者乘客在轨道侧操作站台门手动开门把手打开站台门。此时,PSC 面板、PSL、IBP、整合屏上的所有"关闭锁紧"状态指示灯熄灭。

在维修测试情况下,单扇门就地操作是由维修人员使用 LCB(图 4-8)对单扇站台门进行操作,LCB 一般设在站台门门框的右下角。

每个门单元中无论发生网络通信故障、电源故障、DCU 故障、门机故障,还是其他故障,均可通过 LCB 使此单元隔离,切断电源或关闭锁紧回路旁路,从而不影响整个系统的正常工作。LCB

● 图 4-8 LCB

的设置充分考虑了系统的运行安全,并且 LCB 各挡位均有中文标志。

LCB 一般设"自动、关门、开门、隔离"四位,钥匙从"开门"位逆时针旋转为"关门"位,再逆时针旋转为"自动"位。从"自动"位再逆时针旋转为"隔离"位,钥匙只有在自动位时可取出。具体功能如下。

(1)当钥匙处于"自动"位时,允许 DCU 接收 PSC 的开门命令与关门命令。

(2)当钥匙处于"隔离"位时,单个滑动门单元与系统隔离,隔断本单元的电力供应,不影响整个系统的正常工作,便于维修。

(3)当钥匙处于"开门"或"关门"位时,不执行来自 PSC 的命令。门扇可通过设置在 LCB 上的"开门"或"关门"位进行操作,此扇门的安全回路被旁路,用于应急情况使用。门体的开关不影响整侧门以及列车的运行。

6. 手动级——手动解锁

当以上控制系统均无效或乘客需紧急开门时,可使用门体中间的钥匙与解锁扳手开启站台门,站台人员与乘客均可进行操作。具体内容可参见门体机械部分内容。手动解锁的优先级别最高,无须考虑驱动电源是否有电。

知识回顾

描述站台门的各种控制方式,然后扫描控制系统阶段总结二维码观看视频。

## 学习任务二 控制系统的操作

[**工具准备**]：站台门的 PSL 钥匙 2 把、IBP 钥匙、LCB 钥匙。
[**知识准备**]：见模块四学习任务一中站台门控制系统的认知。
控制系统操作步骤见表 4-1。

控制系统操作步骤　　　　　　　　　　　　　　　　　　　　　　　表 4-1

| 操作项目 | 操作原因 | 操作步骤 | 备注 |
|---|---|---|---|
| PSL | 某种原因导致部分滑动门不能正常开、关 | 站务员可通过手持电台通知司机用 PSL 重新开、关一次滑动门，或到站台端门处，打开玻璃扇门，在整合屏位置上操作 PSL。<br>准备好钥匙，插入钥匙孔打到"开门"/"关门"位，打开/关闭站台门。<br><br>指示灯<br><br>站台级开门流程：列车停在车站的正确位置 → 司机按下 PSL 上开门按钮 → 滑动门打开 → 乘客上、下车<br>站台级关门流程：司机按下 PSL 上的关门按钮 → 站台门滑动门关闭 → 所有门（滑动门、应急门）锁闭信号反馈给信号系统 → 列车离站<br>流程图<br><br>注意观察 PSL 上指示灯的情况，当绿色"关闭锁紧"指示灯点亮时，说明滑动门恢复正常 | |

续上表

| 操作项目 | 操作原因 | 操作步骤 | 备注 |
|---|---|---|---|
| PSL | 所有滑动门均关闭，但信号系统始终无法收到关闭锁紧的信号，导致列车不能正常驶入或离开车站 | 互锁解除动作流程：所有滑动门关闭信号不能确认 → 司机旋转互锁解除钥匙开关，互锁解除信号传至信号系统 → 列车自动控制系统获得互锁解除信号 → 列车自动控制系统允许列车启动 → 列车离开站台<br><br>到达指定位置(同上)，准备好钥匙<br><br>将钥匙插入互锁解除二位开关的"互锁解除"锁内，顺时针旋转至解除位，互锁解除报警灯亮，互锁解除成功，列车进入或离开车站，互锁解除复位。<br><br>指示灯　　操作示意<br><br>注：互锁解除操作后，将自动复位。一些品牌的 PSL 上面带有使能钥匙开关，则需要先开启使能钥匙开关，才进行互锁解除操作。<br>除非极其特殊情况，否则不适用互锁解除。<br>明确不同钥匙的使用，如使用不当，容易造成开关的损坏 | |

续上表

| 操作项目 | 操作原因 | 操作步骤 | 备注 |
|---|---|---|---|
| IBP | 紧急情况（如火灾,暴恐等情况）发生 | 操作人员:值班站长。<br>地点:车站综控室。<br>用钥匙插入IBP的开关,拨到手动挡时,开启所有滑动门;拨到自动挡时,接受PSC系统控制 | |
| LCB | 某个滑动门在自动模式下不能执行开门或关门命令 | 准备好钥匙,到达滑动门处,找到LCB位置(有的LCB在门上方,需借用梯子;有的LCB在滑动门门柱侧面下方)。<br><br>钥匙图<br><br>将钥匙拧到手动位,按下红绿按钮代表关闭或打开滑动门。<br>注意:如果LCB在上方,注意安全和身体重心。LCB的钥匙只有在自动位才可取下,操作结束后务必取下收好。在手动状态下,滑动门不再受到系统开关门的控制。隔离位置一般为维修人员使用,隔离状态下的滑动门依然向监视系统上传门状态信息 | |

**思考1**：请根据以上关于控制系统的描述,将下面所列的标签画在图4-9中的正确位置。

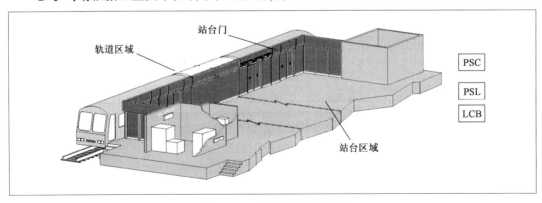

● 图4-9 站台门控制系统布局

**思考2**：某线正常运行，当列车进站时，站台门与列车门同时打开，当列车离站时，站台门关闭，此时是哪些设备控制门体的自动开关？当列车进站后，乘客闯门导致门体报警全开，此时应该如何处理？

_____

_____

_____

**思考3**：查看站台门控制系统的功能布局图（图4-10），补充缺失的控制系统级别。

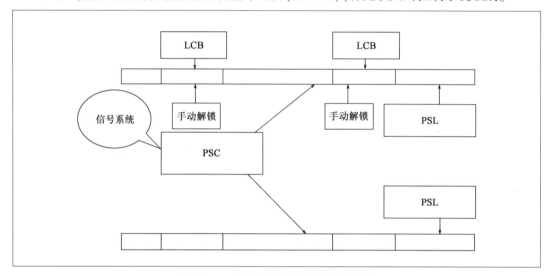

● 图4-10　站台门控制系统的功能布局图

**思考4**：根据前面所学，对站台门控制系统的基本知识汇总如下（表4-2），以便于同学们掌握。

站台门控制系统基本知识汇总　　　　　　　　　　　　　　表4-2

| 控制级别 | 中文名称 | 英文缩写 | 设备代表性图片 | 放置位置 | 主要功能 |
|---|---|---|---|---|---|
| 系统级 | 中央控制盘 | PSC | | 站台层站台门设备间 | 控制核心，与信号系统实现站台门开、关门操作，并与其他级别系统进行信息交互 |

续上表

| 控制级别 | 中文名称 | 英文缩写 | 设备代表性图片 | 放置位置 | 主要功能 |
|---|---|---|---|---|---|
| 站台级 | 就地控制盘 | PSL | | 端门里侧墙壁上 | 整侧站台门开关、互锁解锁功能 |
| 紧急级/灾害级 | 综合后备盘/紧急控制盘 | IBP | | 车站控制室 | 紧急情况下的开门操作 |
| 单挡门控制级 | 就地控制盒 | LCB | | 门体框架上 | 具有自动、开门、关门、隔离挡4个挡位 |

### 任务实施

请完成实训八，站台门控制系统操作实训，见本教材配套实训工作页。

# 项目二　站台门故障应急处理

站台门的状态一般会影响列车的进、出站。因此,其故障应急处理一直是重中之重。作为运营部门以及设备维修部门,在发现站台门故障时,在保证安全的基础上,最重要的一点是利用一切可以使用的控制系统、设备保证站台门整体运行,快速放行列车,减少运营时间延误。

本项目基于地铁公司的站台门故障应急处理工作手册加以改编而成,对常见的单扇门异常处理、多扇门异常处理等内容进行讲解。

地铁公司有关故障处理的总体原则是在确保安全的前提下,优先保证行车。

地铁公司安全事故分类如图4-11所示。

● 图4-11　地铁公司安全事故分类

## 学习任务一　单扇门不能开关的应急处理

单扇门不能开关的应急处理办法见表4-3。

单扇门不能开关的应急处理办法　　　　表4-3

| 序号 | 站务岗位 | 处理办法 |
|---|---|---|
| 1 | 司机 | (1)在驾驶室未能接收站台门关闭信号。<br>(2)汇报运行控制中心(OCC)情况。<br>(3)PSL重新开、关整侧门查看是否正常,如不正常则等待站务员做出配合。<br>(4)必要时,广播通知乘客并向乘客表示歉意。<br>(5)随时向 OCC 汇报情况 |

续上表

| 序号 | 站务岗位 | 处理办法 |
|---|---|---|
| 2 | 站务员 | (1)发现故障或接到通知后立即赶到现场处理。<br>(2)查看是否有障碍物,如有,清理后示意司机重新开、关门。<br>(3)立即到站台引导故障站台门处的乘客上、下车,并用专用钥匙将该故障站台门 LCB 拨到"隔离"位。<br>(4)贴上"此门故障"告示,并在旁看护 |
| 3 | 值班站长 | (1)将信息报送行车调度员(简称行调)和故障报警中心。<br>(2)跟进站台门维修情况,将站台门的故障和修复情况上报行调 |

## 学习任务二　多扇门不能开启的应急处理

多扇门不能开启的应急处理办法见表 4-4。

**多扇门不能开启的应急处理办法**　　　　表 4-4

| 序号 | 站务岗位 | 处理办法 |
|---|---|---|
| 1 | 站务员 | (1)发现故障或接到通知后立即赶赴现场处理。<br>(2)使用 LCB 打开部分门(确保没有连续不能开启的门即可)上、下乘客,待司机关闭车门、站台门后,查看站台门关闭情况,如无法关闭,按多扇站台门不能关闭程序处理 |
| 2 | 值班站长 | (1)接到站台门故障的信息后,及时通知巡视岗和车站督导员到站台处理。<br>(2)将信息报行调和故障报警中心。<br>(3)跟进站台门维修情况,并将站台门的故障和修复情况上报行调 |

## 学习任务三　多扇门不能关闭的应急处理

多扇门不能关闭的应急处理办法见表 4-5。

**多扇门不能关闭的应急处理办法**　　　　表 4-5

| 序号 | 站务岗位 | 处理办法 |
|---|---|---|
| 1 | 站务员 | (1)收到故障信息后,在司机关闭车门、站台门后须逐个检查不能关闭的站台门与列车间的空隙。<br>(2)加强对未关闭站台门的监控,确保安全。<br>(3)维护好站台秩序,防止乘客落轨 |
| 2 | 值班站长 | (1)接到故障信息后,派人到站台处理。<br>(2)派人到故障侧头端操作 PSL 进行"互锁解除"。<br>(3)将故障信息报行调和故障报警中心。<br>(4)督促、跟进站台门维修情况,并将站台门的故障和修复情况报行调。<br>(5)安排巡视岗监控处于打开状态站台门处的乘客,防止乘客跳下轨道 |

注:列车进站或停在车站时须停止对站台门的维修。

[说明]：当无法传递关闭锁紧信号，但需要尽快放行列车时，将 PSL 拨到互锁解除位，此时反馈互锁解除信号，信号系统使列车在限制模式(RM)下运行。

## 学习任务四　站台门破碎或破裂的应急处理

站台门破碎或破裂的应急处理办法见表4-6。

站台门破碎或破裂的应急处理办法　　　　表4-6

| 序号 | 站务岗位 | 处理办法 |
|---|---|---|
| 1 | 站务员 | （1）站务人员应使故障门处于常开状态，并指派站务人员在故障站台站岗监护，以防止乘客或物品掉入轨道。<br>（2）将破裂玻璃用封箱胶纸粘贴，防止突然爆裂。<br>（3）已破碎的玻璃应马上进行清理，同时防止玻璃碎片掉入轨行区。<br>（4）使用 U 形防护栏放于破碎门前做好防护 |
| 2 | 综控室人员 | （1）综控室告知控制中心并要求列车进、出站时进行相应的限速。<br>（2）通知故障报警中心。<br>（3）通知站务人员保护好现场 |

注：以上站务岗位以北京京港地铁有限公司为例，其他公司在具体岗位上有所不同。

**任务实施**

请完成实训九，站台门应急处置实训，见本教材配套实训工作页。

# 模块五

# 站台门监控与电源系统

### 学习目标

(1) 掌握站台门监控系统的操作。
适用岗位：运营类岗位，站台门检修初级工。
(2) 掌握站台门电源系统的组成、分类。
适用岗位：运营类岗位，站台门检修初级工。
(3) 掌握站台门电源系统的操作。
适用岗位：运营类岗位，站台门检修初级工。
(4) 掌握站台门电源系统的运行原理。
适用岗位：运营类岗位，信号检修类岗位，站台门检修中级工。
(5) 掌握站台门监控与电源系统的实操技能并通过考核。

### 建议学时

8学时。

### 知识体系与任务关系图

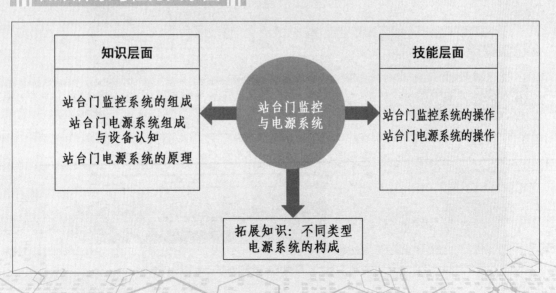

# 项目一 站台门监控系统

## 学习任务一 监控系统认知

> 想一想
>
> 地铁监控系统能发挥什么作用？

地铁站台门的监控主机（图5-1）位于PSC内，是每个监视子系统的主要设备，属于整个网络的总线主设备，完成对整个系统的监视功能。监控主机能实现系统内部信息的收发、采集、汇总和分析；能实现与车站ISCS、PSL、DCU各单元之间的信息交换；能对信号系统、PSL以及车控室IBP接口设备进行状态监视；能对本系统内所监视的状态、故障等数据进行编辑，将故障、状态显示至显示终端。监控系统具有运行实时监视功能及自诊断功能。

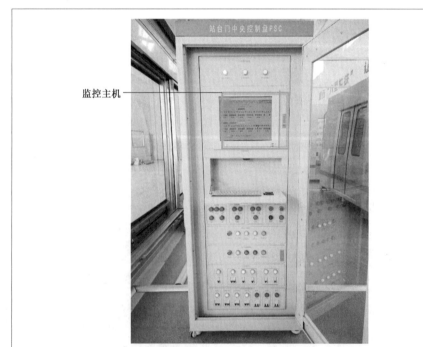

● 图5-1 PSC机柜上的监控主机

每侧站台门单元中所有设备的状态信息均通过现场总线传送到每个车站站台门的监控主机上，可以在 PSC 的显示终端上或通过便携式维修工具与监控主机的接口查询到当前车站所有设备的状态。PSC 将与运营相关的站台门状态及故障信息通过电缆或光缆通道发送至车站 ISCS，实现对站台门相关状态的查询及故障报警，在车站控制室内可以利用站台门系统传送的数据进行运营月报表生成、运营故障记录等。站台门系统应根据车站 ISCS 提供的时钟同步信息进行校对。

## 学习任务二　监控系统运行与操作

1. 监控软件主界面

监控软件可实现对整个系统包括 DCU 的监控和维护，并可对历史记录和数据进行方便快捷的查询，具有中文界面、完善的操作功能，并可迅速响应用户的需求而灵活定制，可切实满足对站台门系统的管理维护。监控软件主界面如图 5-2 所示。

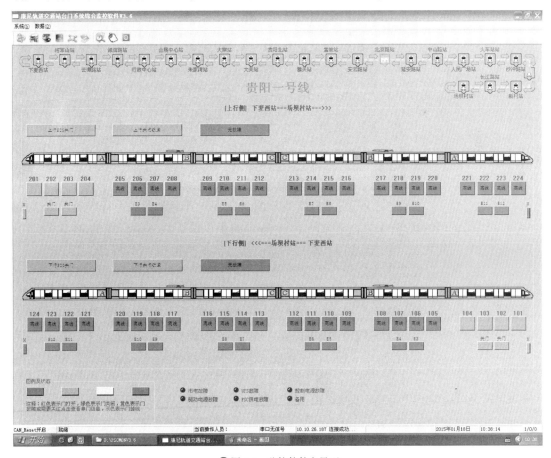

● 图 5-2　监控软件主界面

1）用户接口

站台门系统综合监控软件采用液晶显示器显示其 GUI 界面，通过连接的键盘和鼠标与用户进行操作交互。通过主界面上方的菜单选择相应的功能,主界面上显示关键的状态信息,用户可通过监控主机上 USB 接口进行数据文件的导入或导出,如导出运营记录文件或导入程序代码文件。

2)监控软件主界面显示的内容

主界面用于实时监控整个站台门系统的工作情况,如图 5-3 所示。

监视系统界面介绍

PSA监视系统讲解

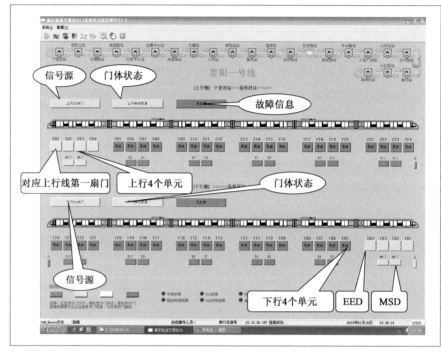

● 图 5-3 监控主界面显示的内容

如图 5-3 所示,主界面上方 24 个一排的小色块代表上行线的 24 套滑动门的状态;主界面下方的 24 个一排的小色块则代表下行线的 24 套滑动门的状态,其中应急门和端门的状态均包含在其相邻的滑动门的状态中。

主界面上各设备的状态主要由 3 种颜色表示:红色为开门状态,绿色为关门状态,黄色为关注状态(指示有引起关注的事件发生)。

3)动态故障提示栏

系统动态故障图如图 5-4 所示,当系统发生三级和二级故障时,动态提示故障信息。系统正常时,动态故障提示栏不显示。系统出现故障时,动态故障提示栏从主界面右上角弹出,从动态故障提示栏可以看到当前故障内容以及等级情况。当系统故障清除时,动态故障提示栏消失。

4)滑动门监控界面

从主界面可以进入具体的监控界面,了解详细信息。其中,较为重要的就是滑动门的监控画面,如图 5-5 所示。选择门号,如滑动门 201,屏幕上出现该滑动门当前状态和故障信息。如果门锁到位开关高亮则表示门锁到位。

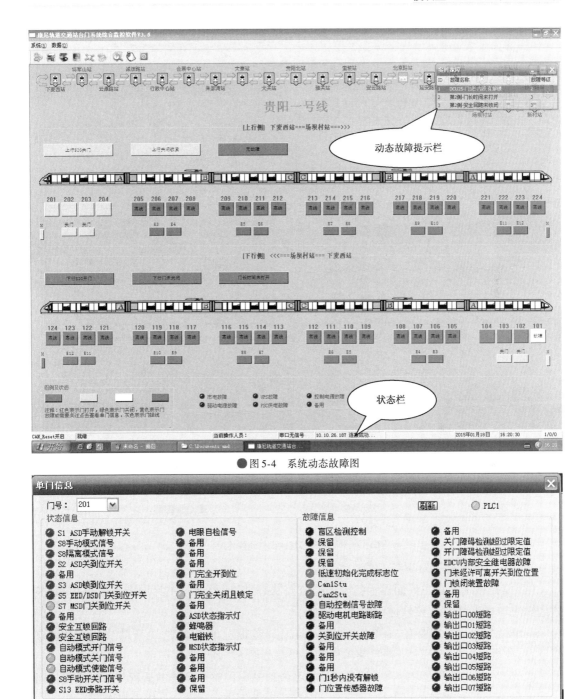

● 图 5-4 系统动态故障图

● 图 5-5 滑动门监控界面

该监控软件界面还显示站台门系统其他关键设备的监控状态,包括以下内容。站台门其他设备监控界面如图 5-6 所示。

(1)PSL 操作状态,如 PSL 开门、关门和互锁解除等。

(2)信号系统状态,如信号系统开门、关门等。

(3)电源系统的状态,如市电故障等。

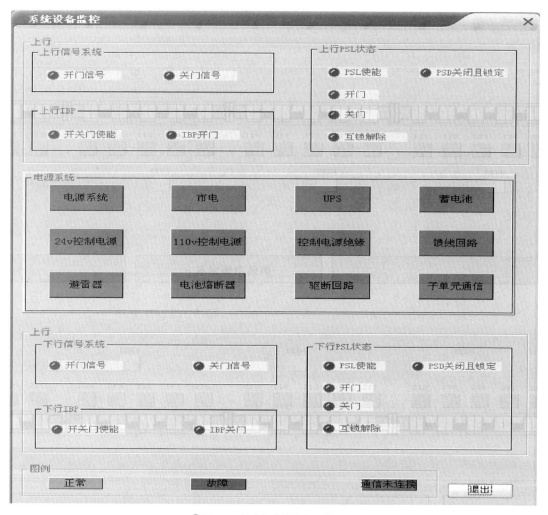

●图5-6　站台门其他设备监控界面

2. 监控系统的数据提取与操作

（1）监控系统除在主界面显示各设备的监控状态外，还可通过主界面上方的菜单栏，具体选择使用其他PSC监控软件中的各个功能。

菜单栏中的菜单主要有"系统""维护""监控""数据""参数设置""帮助"，用于系统参数设置、数据提取以及系统维护。菜单栏和工具条如图5-7所示。

（2）监控系统数据提取操作。站台门监控系统对站台门整个系统的运营与故障数据进行记录，为了保证监控系统的可靠性，需工作人员定期对数据进行提取。具体步骤如下。

①进入监控系统后，可通过"数据"菜单查看运营数据库（图5-8）和故障数据库。设备的状态信息与故障报警信息是设备维修人员进行检修的重要依据。

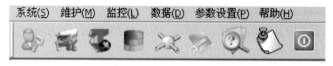

●图5-7　菜单栏和工具条　　　　　　　　●图5-8　"数据"菜单

②选择开始和截止日期用于查询运营情况,站台门选项可以选择对所有门的运营情况查询,也可以对单个门进行查询。

③单击"导出"可将查询到的运营表或故障表存入 EXCEL,并导出系统。运营数据库如图 5-9 所示。

● 图 5-9　运营数据库

此外,故障数据库(图 5-10)可进行报表打印和删除记录。

● 图 5-10　故障数据库

# 学习任务三　监控系统的权限设置作业

监控系统除在设备室内保存信息外,为了保证运营需要,还向车站控制室、中央调度中心传递相应的信息。由于站台门的特殊性,远程监控的设备对站台门以监视为主,不进行控制。

监控系统进行了权限划分,分别为权限1、权限2、权限3。其中,权限3为最高级别,工程师(厂商)可以对系统进行任何处理,如软件更新等;权限2为车站级别;权限1为中央级,主要以显示为主,用于了解门体情况。

# 项目二　站台门电源系统

## 学习任务一　电源系统认知

站台门系统电气部分包括电源系统、控制系统和监视系统。其中,监视系统分为电源监视系统和PSC监控系统。

电源系统:站台门系统属于一类负荷供电,其上级电源由车站变电所提供两路380V/220V电源到自动切换箱,一主一备进行供电,是供电中的一级负荷设备。

其供电电源由驱动UPS、控制UPS、驱动电源配电屏、控制电源配电屏、变压器,以及各个门机单元内的就地供电单元(LPSU)等组成。其中,电源柜、PSC、充电柜、配电柜、电池柜等均设置在站台侧的站台门设备室内;就地控制单元设置在各门扇门机内。站台门供电电源系统图如图5-11所示。

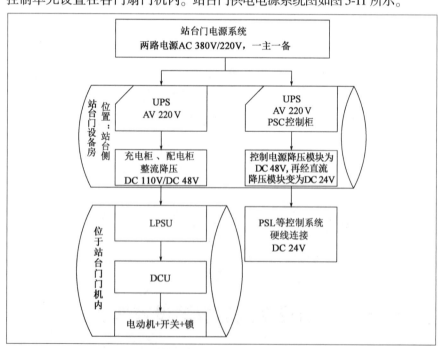

● 图5-11　站台门供电电源系统图

站台门设备电源中驱动电源和控制电源分开供电,每个电源系统由充电整流模块、蓄电池、监控和配电构成;站台门控制以及驱动 UPS 具有维修旁路功能,适用于在线维修工作。

## 学习任务二　驱动电源系统的运行

1. 驱动电源的组成

每个车站的驱动电源设备包含以下内容:$N+1$ 冗余备份 UPS,每车站 1 组;电源配电盘,每车站 1 组;LPSU 每个门单元 1 个,可以进行断电作业,便于维修。下面具体来讲解驱动电源及其组成部分。

2. 驱动电源的工作原理

UPS 是由蓄电池组、逆变器和其他电路组成,能在电网停电时提供交流电力的电源设备。站台门电源系统 UPS 的工作方式请分别参考驱动电源运行原理图(图 5-12)和驱动电源电路图(图 5-13),具体如下。

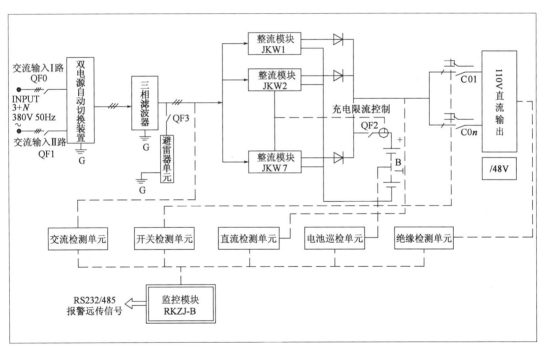

● 图 5-12　驱动电源运行原理图

驱动电源是由 EMERSON $N+1$ 冗余型直流驱动模块 HD11020、蓄电池组、监控系统及馈线回路等组成的智能化直流 UPS 系统。蓄电池组通过限流装置挂接于直流充/供电母线,确保了输出母线的稳定度、电流波形的平滑度及抗冲击能力。

驱动电源系统讲解

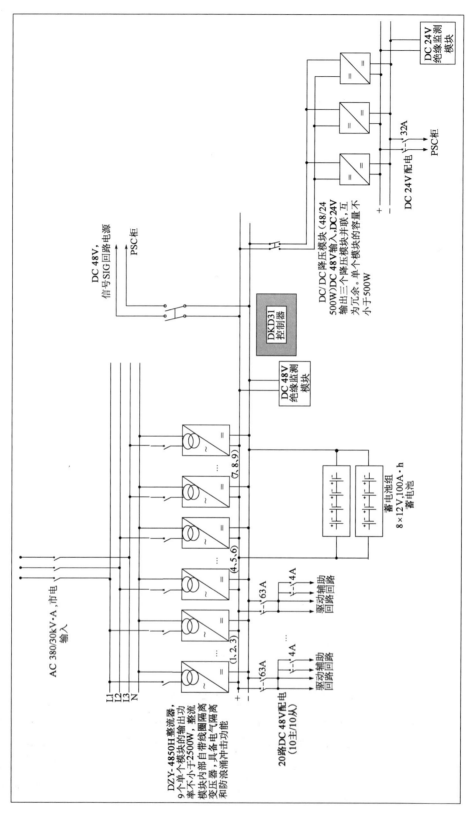

图5-13 驱动电源电路图

当输入市电及驱动模块工作正常时,由监控系统一方面控制各驱动模块给相应的负载提供所需电流,另一方面以电池额定容量的 10% 作为最大充电电流(即 0.1C)给蓄电池进行限流式充电,由于驱动模块数目的合理配置,负载电流全部由模块提供,蓄电池处于热备用状态,不提供放电电流;此种情况下若任一驱动模块故障,该故障模块将自动退出运行并由于隔离二极管的作用不会影响其他模块的工作;若有多个模块故障,由于电池直接挂接于直流充电母线,此时它将自动提供一定电流予以弥补,保证系统正常运行;监控系统故障时,各驱动模块可脱离监控系统给负载及蓄电池供电。

当交流停电时,驱动模块不工作,此时母线直接转由蓄电池供电,由于蓄电池直接挂接的原因,输出完全不间断,同时直流电压也不会因中间降压环节造成不必要的压降,当蓄电池电压低于设置的报警限值时,监控系统自动发出声光报警。

对应图 5-13 分别配置设备如图 5-14 所示,请同学们尝试指出设备在原理图中的位置,并将各部分连贯起来,说明电源工作过程。

图 5-14 所示的电源系统设备实物图为电源柜的正面设备,电源柜的背面也有部分设备,最核心为母排,用于分流。在日常维护中电源柜前、后均需要维护。

此外,驱动电源系统还配有维修旁路,主要作用是在系统检修时给负载供电,以实现在负载不停电的情况下进行电源系统检修。

3. 驱动电源整流模块与配电方式

驱动电源整流模块(图 5-15)是 UPS 的重要部分,具备较强的扩展能力,具有在线热插拔及在线维修功能(可以在不断电的情况下直接取下维修),可实现完善的 $N+1$ 备份功能,无单点故障,主机设备个别部件的故障不会引起整台设备的故障,具有过载功能,单个模块输出瞬间过载电流可达 50A,并设有输出过压、输出限流、短路、并联、过流等保护功能,在出现故障时,模块会发出声光报警,同时在 LCD 上显示故障信息,方便用户对模块故障的定位。驱动电源整流模块原理图如图 5-16 所示。

驱动电源整流模块在向门体进行供电时,采取较为可靠的配电方案。

站台门驱动电源原理图介绍

> **想一想**
>
> 假设你有 5 个电源,4 个主用,1 个备用。要给 24 个门体供电,为了保证可靠性,怎么分配最可靠呢? 看看下面的规律,说说有什么好处吧。

为了保证当电源模块损坏时乘客的上、下车,驱动电源模块采用分组配电方式。直流电源工作原理图如图 5-17 所示。

模块一给每个车厢对应的第 1 个站台门供电,即门体 1 号、5 号、9 号、13 号,以此类推。

模块二给每个车厢对应的第 2 个站台门供电,即门体 2 号、6 号、10 号、14 号,以此类推。

a)避雷器退耦器
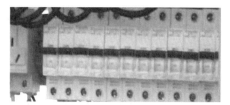
b)分路开关

c)电源监控模块
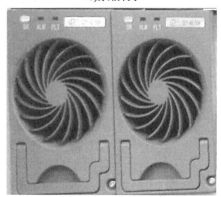
d)驱动电源整流模块AC 220V-DC 53V

e)控制电源直流变电模块48V-24V

f)熔断器

g)接地保护指示

图 5-14　电源系统设备实物图

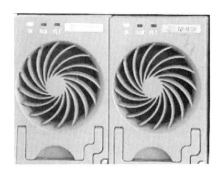

● 图 5-15　驱动电源整流模块实物图

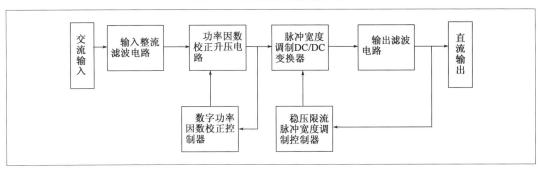

● 图 5-16　驱动电源整流模块原理图

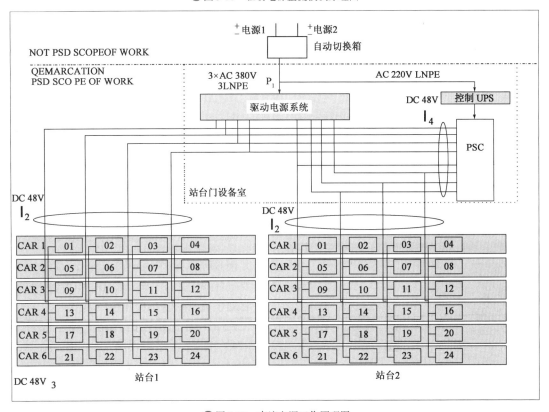

● 图 5-17　直流电源工作原理图

模块三给每个车厢对应的第3个站台门供电,即门体3号、7号、11号、15号,以此类推。

> 你找到其中的规律了吗?这样的配电方式,就算出现极其特殊的情况(如多个模块损坏)也能保证每个车厢有门体打开放行乘客,提高了安全性。

**4. 直流电源部分**

直流电源部分最主要的设备是蓄电池,一般蓄电池容量为12V。电源容量按6节编组(双侧48个门单元)或8节编组(双侧64个门单元,根据实际车站而定)进行配置。驱动蓄电池的容量能保证在断电或驱动部分故障时,站台双侧48个单元站台门1h内可开/关操作至少5次;控制蓄电池在断电或控制部分故障时,能提供控制设备持续运行1h所需用的电量。

蓄电池组是直流系统中不可或缺的重要组成部分,对蓄电池组进行良好的维护和监测尤其重要。智能高频开关直流系统具有电池管理功能,如对蓄电池的充电电压、充放电电流进行实时监控以及温度补偿、维护性定期均充等。

监控系统根据设置的充电参数,自动完成蓄电池充电程序。充电参数根据使用蓄电池的类型、容量以及厂家提供的资料进行设置(镉镍蓄电池和阀式密封铅酸蓄电池充电程序有一定差异)。

## 学习任务三 控制电源系统的运行

1. 控制电源的组成

1)控制 UPS

站台门设备机房包括 PSC、工控机、通信系统等电气设备,工控机、协议转换器等设备采用单相供电方式,一般采用 UPS。

2)直流电源系统的控制电源

控制电源整流装置由3台整流模块组成,主要性能与驱动电源整流模块相同,只是单独设置保证使用,仍然采用 $N+1$ 的冗余设计。同时,由于控制电源部分设备需要直流变电模块,即 DC/DC 电源变换器,将驱动整流模块输出电压进一步变电为24V。

由于 PSC 机柜内的控制系统一般采用 DC 24V 供电,因此需要将 DC 110V 降压为 DC 24V,采用1个 KD2AD40 模块,输出电流可达40A,完全满足系统要求。图5-18所示为控制电源模块。如果驱动电动机的额定电压为110V,则模块变电为 DC 110~24V。

控制电源系统讲解

● 图5-18 控制电源模块

2. 电源监控系统

1)电源监控模块

电源监控模块可实现现场外的遥测、遥信功能,通信接口为 RS232 或 RS485。站台计算机或控制中心服务器可以实时监测直流电源、UPS 的各项参数及工作状态信息,并拥有对部分参数进行设置、查看故障报警信息等功能。电源监控模块实物图如图 5-19 所示,接地保护模块如图 5-20 所示。

● 图 5-19　电源监控模块实物图

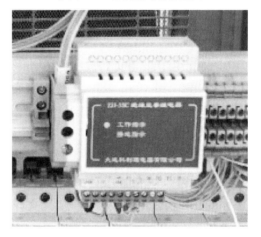

系统蓄电池的监控:系统监控根据设置的充电参数,自动完成蓄电池充电程序,充电参数根据使用电池的类型、容量以及厂家提供的资料进行设置(镉镍蓄电池和阀式密封铅酸蓄电池充电程序有一定差异)。

2)电源系统性能特点

电源系统作为重要的电力供给单元,在设计时也需满足以下条件。

● 图 5-20　接地保护模块

(1)维修方便。所有的模块都支持热插拔,因此无须专业维修人员,只要有备用模块,直接换上即可。

(2)冗余性。在并联逆变器中,因为所有部分都是并联冗余的,一个模块出现故障不会影响其他的模块而且会自动退出,这样就可以有效地避免单点故障。此系统中,逆变装置正常工作时两个逆变模块都投入工作,当其中一个逆变模块故障自动退出运行时,另一个模块继续工作,且仍可满足系统容量的要求,并不影响系统正常运行。

(3)过压保护。输出电压过高对用电设备会造成灾难性事故,为了杜绝此类情况发生,部分公司的高频模块内有过压保护电路,出现过压后模块自动锁死,相应模块故障指示灯亮,故障模块自动退出工作但不影响整个系统正常运行。

(4)并联保护。每个模块内部均有并联保护电路,用于保证故障模块自动退出系统时,不影响其他正常模块工作。

(5)过流保护。过流保护主要保护大功率变流器件,在变流的每一个周期,如果通过电流大小超过器件能承受的最大电流,将关闭功率器件,达到保护功率器件的目的。部分设备可利用避雷器和熔断器(图 5-21)来解决过流、过电压保护的问题。

● 图 5-21　熔断器

**想一想**

查找资料了解避雷器的作用,想一想为什么它能实现避雷和过压保护呢?

(6)输出瞬间过载功能。K2A20L模块的额定电流为20A,但其输出瞬间过载电流可达到50A。

## 学习任务四　站台门系统的绝缘

**你知道吗?**

站台门有一个很大的安全隐患,即绝缘问题可能导致触电事故。为此,技术人员们研究了很多方法去解决该问题,下面就让我们了解一下到底哪些地方容易触电,我们又是怎么解决的吧。

1. 知识准备——杂散电流产生的原因与影响

杂散电流(图5-22)是指在设计或规定回路以外流动的电流,也称为"迷流"。杂散电流产生的原因很多也很复杂,并且容易受到外界环境因素的影响,但主要可以归纳为以下两点。

(1)电位梯度。如果电场分布不均匀,存在电位梯度,那么金属内部的自由电子会在电场力的作用下发生定向移动,使金属阳离子与电子分离,从而造成对埋地金属管线的腐蚀。

(2)电流泄漏。电流泄漏是杂散电流形成的一个主要原因,电流泄漏主要是绝缘不良或接触不好等原因造成的。

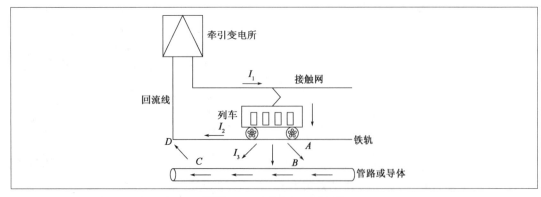

● 图5-22　杂散电流 $I_3$ 示意图

杂散电流是一种因外界条件影响而产生的电流,存在于预设的电源网络之外,其主要来源一般有:①电气牵引网络流经金属物(指铺轨以外的金属物)或大地返回直流变电所的电流;

②动力和照明交流电路的漏电;③大地自然电流;④雷电和电磁辐射的感应电流等。

站台门的绝缘

杂散电流对地铁机电设备的影响主要包括以下4个部分。

(1)对走行轨及其附件的腐蚀。牵引电流通过走行轨回流到牵引变电所,由于走行轨对地不能完全绝缘,因此很容易受到腐蚀。

(2)对钢筋混凝土结构的破坏。杂散电流会腐蚀钢筋混凝土结构中的钢筋,但并不对混凝土本身产生影响。当杂散电流流入钢筋混凝土结构中时,钢筋为阴极,会发生析氢腐蚀,形成等静压力,使钢筋与混凝土脱开。当杂散电流流出钢筋时,钢筋为阳极,会发生腐蚀,产生铁锈等产物,增加钢筋本身的体积,使混凝土内部形成很大的压力,从而促使其开裂。

(3)对人身安全的威胁。当埋地管道与高压交流输电线路接近或交叉时,交流输电线路产生的电流通过磁耦合在管道上产生感应电压,使管道对地电位不为零。若管道电压过高,可能会对操作人员和维护人员的人身安全构成威胁。此外,在地铁系统中,当牵引电流回流不畅,并且造成大量的杂散电流流入大地时,会导致钢轨与结构钢筋之间电压升高,对站台乘客的人身安全造成威胁。

(4)影响电气设备的正常工作。在杂散电流严重的地段,可能导致阴极保护电位仪报警、工作中断,也可能使某些电气设备发生误动作等,影响电气设备的正常工作。

2. 站台门门体与走行轨的等电位连接

地铁列车一般采用接触轨供电,系统额定电压为DC 1500V,在站台门门体和列车车体外壳之间存在电位差,为了保证乘客的舒适度及安全,整个站台门保持与车体等电位。同时,站台门采用绝缘安装方式与车站的结构保持绝缘,避免因站台门和走行轨连接而使杂散电流通过站台门向车站结构泄漏,如图5-23所示。

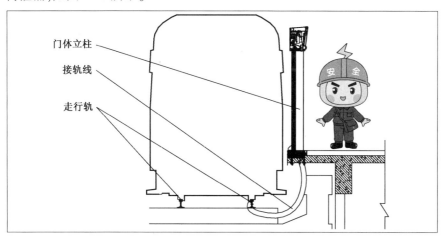

● 图5-23 绝缘示意图

> **你知道吗?**
>
> 根据讲解,大家知道哪里危险吗?
> 当乘客处于站台门与列车门之间时,电压可能导致乘客危险,因此我们需将站台门与走行轨等电位连接。但是,站台侧的乘客可能受到地与站台门之间的电压带来的伤害。通过粘贴绝缘膜或涂绝缘漆可解决此问题。

1)站台门体等电位连接

如图 5-23 所示,为了保证可靠等电位接轨,每侧站台上的门体应在系统内部采用等电位连接,然后每侧站台的单列门体设置一个与钢轨的连接点,保证钢轨到站台门门体上任何一点的总电阻都小于 $1\Omega$。

2)对乘客的保护措施

为了确保站台的候车乘客不会因接触到站台门而发生电击事故,一些线路在站台区平行于站台门的 2m 宽人行范围内加装了绝缘层。绝缘层的电阻值应不小于 $0.5M\Omega$,但在实际施工中较难达到绝缘电阻值的要求。

电源模板更换

**任务实施**

请完成实训十,站台门电源系统实训,见本教材配套实训工作页。

# 模块六

# 站台门电气系统检修

## 学习目标

(1) 掌握站台门控制设备的内部结构。
适用岗位：站台门检修中级工，信号检修类岗位。
(2) 掌握关键电路（如安全回路、命令回路及其他辅助电路）的原理。
适用岗位：站台门检修中级工，信号检修类岗位。
(3) 能够使用工具对站台门电气系统设备进行日常检修、月度检修、季度检修、年度检修。
适用岗位：站台门检修中级工、高级工。
(4) 掌握站台门实操技能并通过考核。

## 建议学时

8学时。

## 知识体系与任务关系图

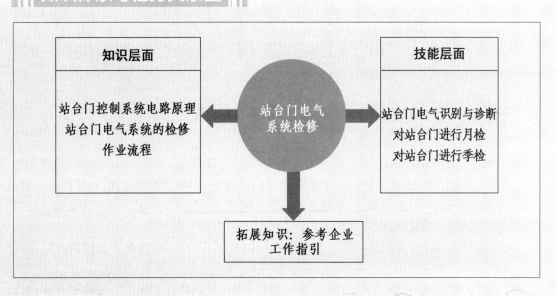

# 项目一　站台门控制系统运行原理

> 站台门不同级别控制系统是如何实现的呢?
> 为什么站台门门体不关闭,列车就无法离站?这些控制逻辑是通过哪些电路来实现的呢?

我们在模块四中对站台门的系统级控制等过程、设备的操作有了一定的了解,掌握了站台门的关门流程。但事实上,仅站台门门体关闭是不足以让列车离站的,还需要锁紧。锁紧行程开关复位闭合,列车确认所有门体状态后才能离站。因此,将门体关闭—列车离站环节完善后的流程应如图 6-1 所示。

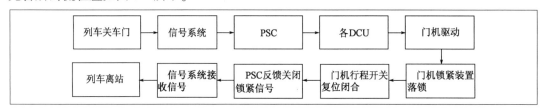

● 图 6-1　站台门关闭锁紧放行列车过程

通过图 6-1 可知,站台门的开、关门过程是需要经过不同系统之间的配合来完成的,而除 SIG-PSC-DCU 之间的关系外,其他的控制系统之间也根据不同功能有不同的接口关系,本项目将在模块四的基础上,对核心部件 PSC 的内部结构进行介绍,对系统运行的原理、主要回路、接口关系等进行详细阐述。

## 学习任务一　站台门 PSC 内部结构认知

1. PSC 的内部构造

PSC 是站台门系统的控制核心,安装在站台门设备室,一般由主控单元,报警提示单元,逻辑控制单元,上、下行控制单元,电源控制单元等组成。系统之间的控制关系主要包括通信关系(包括 CAN 现场总线、以太网等方式)与硬线控制回路。

硬线控制回路通过硬线接口关系实现站台门的开、关以及不同情况下的控制与信号反馈等过程。

常见的 PSC 有两种,因其集成度、工控机配置不同,组成略有不同。下面选取两家公司的设备进行对比介绍(表 6-1)。

模块六 站台门电气系统检修

两家公司 PSC 的对比分析

表 6-1

| 比较项目 | 设备 | |
|---|---|---|
| | 集成度较高 PSC | 集成度较低 PSC |
| 外部结构 | （1）设备构造图。 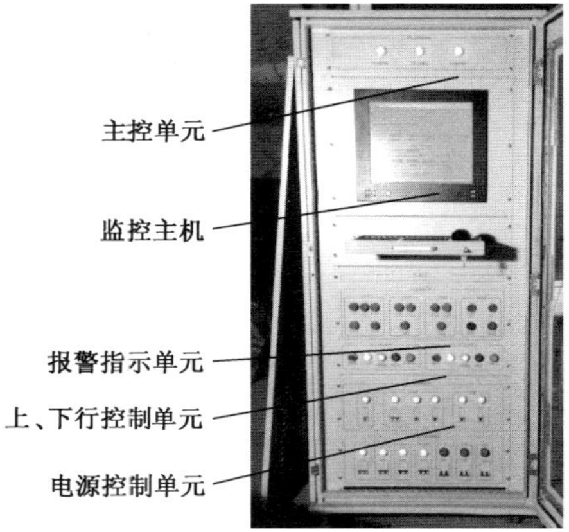<br><br>主控单元<br>监控主机<br>报警指示单元<br>上、下行控制单元<br>电源控制单元<br><br>PSC 的前面板由主控单元，监控主机，报警指示单元，上、下行控制单元，电源控制单元组成，用于全面显示站台门的工作情况 | （1）设备构造图。<br>PSC 的外部结构主要由左图中报警指示单元及监控主机组成。<br>①报警指示单元。<br>从左图中可以看出，报警指示单元包括对上、下行系统运行情况的显示，可进行故障显示，故障复位操作。具体组成见左图，PSC 作为控制中心，将显示各类操作，如互锁解除，开、关门情况以及其他故障类型。<br>②PSC 的监控系统。<br>PSC 显示终端为一嵌入式的平板电脑，安装在 PSC 前柜门面板上。其主要配置为 Pentium M 2GHz 处理器，1GB 内存，80GB 硬盘，17 寸显示器，分辨率为 1280×1024，并配置一套键盘和鼠标 |

105

续上表

| 比较项目 | 设备 | |
|---|---|---|
| | 集成度较高 PSC | 集成度较低 PSC |
| 内部结构 | (2) PSC 内部结构。<br>PSC 主控PLC<br>逻辑控制单元<br>电源模块<br>交换机<br>接线端子排<br>内部结构图① | (2) PSC 内部结构。<br>PSC 内部一般分为两部分,每部分称为 PEDC,分别控制上、下行系统。PEDC 主要由安全继电器、反馈信号继电器、端子排等组成。两套独立的 PEDC 分别控制一侧站台的站台门滑动门门机。具体如下。<br>①柜子内部设置有主控 PLC。<br>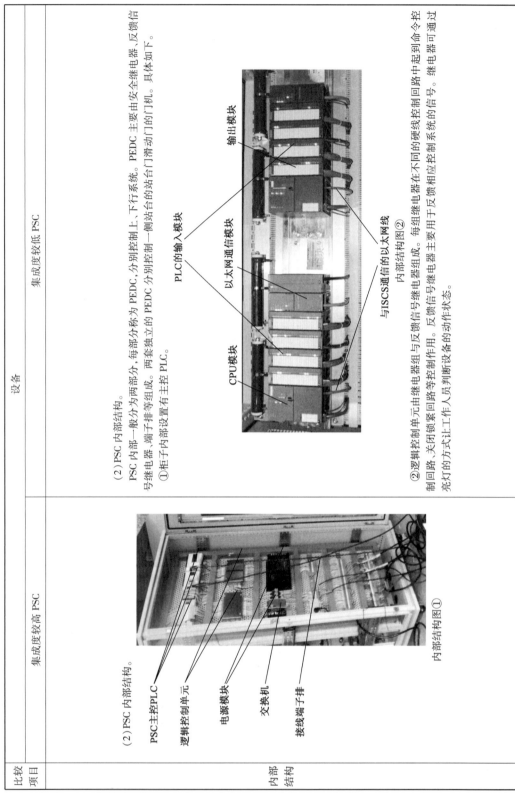<br>CPU模块　以太网通信模块　输出模块<br>PLC的输入模块<br>与ISCS通信的以太网线<br>内部结构图②<br>②逻辑控制单元由继电器组与反馈信号继电器组构成。每组继电器在不同的硬线控制回路中起到命令控制回路、关闭锁紧回路等控制作用。反馈信号继电器主要用于反馈相应控制系统的信号。继电器可通过亮灯的方式让工作人员判断设备的动作状态。 |

续上表

| 比较项目 | 设备 | |
|---|---|---|
| | 集成度较高 PSC | 集成度较低 PSC |
| 内部结构 | PSC的内部则是具体的设备,主要包括以下几个部分。<br>(1)主控PLC。<br>(2)逻辑控制单元(集成的)。<br>(3)电源模块:控制系统电源供给。<br>(4)接线端子排:与其他系统的接口,包括与PSL、IBP、DCU、信号系统等控制系统的接口 |  内部结构图③<br>(控制系统继电器组 / 反馈信号继电器组)<br>③电源控制单元由空气开关组成,分路控制各控制设备的电力供应。<br>④接线端子排:与其他系统设备的接线号限速查找故障。与集成度较高PSC相同 |

107

从表6-1可以发现,不同公司的PSC的主要组成基本相似,包括控制上、下行的PEDC,最大的区别在于逻辑控制单元的集成程度有一定差别。在此要特别注意以下元件,将用于后续电路讲解。

(1)PLC主控元件:包括CPU、存储器、I/O(输入/输出)模块,用于接收传递数据等信息。

(2)逻辑控制单元或继电器组:用于开、关门命令回路,关闭锁紧回路,PSL等控制回路。

(3)故障显示单元:分为上、下行的故障显示单元,但除了故障复位、测试按钮可以进行手动操作,其他均只有显示功能。同时,说明PSC作为系统级控制,没有手动操作功能。

(4)接线端子排:用于识别线号,查找故障。

2. PSC与DCU之间的关系

PSC与其他设备除硬线关系进行控制连接外,还与DCU之间通过通信关系来掌握门体的状态。通信关系中通过CAN现场数据总线实现滑动门DCU与PSC之间的信息传输,反馈门体的运行状态、故障信息等内容,具体反馈内容可参考附录2中国家标准的二维码。PSC通过以太网与ISCS进行数据传输,将站台门的运行整体情况反馈给车站级、中央级的ISCS。其关系图如图6-2所示,另外的安全回路详见本项目任务二介绍的关闭锁紧回路。安全回路为硬线控制,具体见模块五中项目一的详细讲解。

站台门PSC内部结构详细讲解

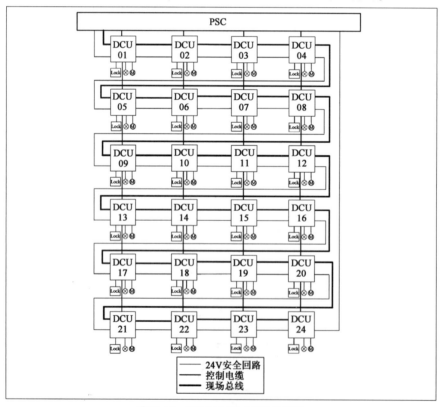

● 图6-2 PSC与DCU之间的关系图

## 学习任务二　命令回路与关闭锁紧回路运行原理

PSC 与其他系统之间除通信关系外,在所有的硬线接口关系中,最为关键的就是与信号系统、DCU 之间的命令回路与关闭锁紧回路接口关系,下面我们对开、关门控制电路进行讲解。

1. 信号系统与 PSC 的接口关系

通过信号系统与 PEDC 之间的所有信号都是关键硬线。信号系统传入开、关门命令给 PSC,PSC 把站台门所有状态信号和旁通钥匙开关的状态信号传送到信号系统。图 6-3 所示为 PSC 与信号系统接口界面图,两系统之间信息传递的内容主要为信号系统发布的开、关门命令,PEDC 反馈的关闭锁紧、互锁解除信号等。

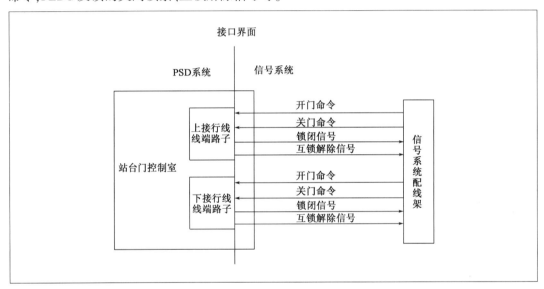

● 图 6-3　PSC 与信号系统接口界面图

若其中某个单元滑动门没有关闭到位,则不能发出锁闭信号,不允许列车发车,已接近站台的车辆将实行紧急制动。

当站台门系统出现故障时,为了保证正常运营,司机操作 PSL 上"互锁解除"钥匙开关向 PSC 发送互锁解除信号,PSC 再向信号系统发出"滑动门/应急门互锁解除"信号,信号系统接收到互锁解除信号后,解除对站台门系统的状态检查和互锁关系,使列车能够正常发车。

2. 站台门的开门命令回路

站台门的开门命令是通过列车进站、信号系统的开门命令、PSC 和 DCU 对门体的控制来实现的。要实现此开门过程,需要对应的设备及电路见表 6-2。

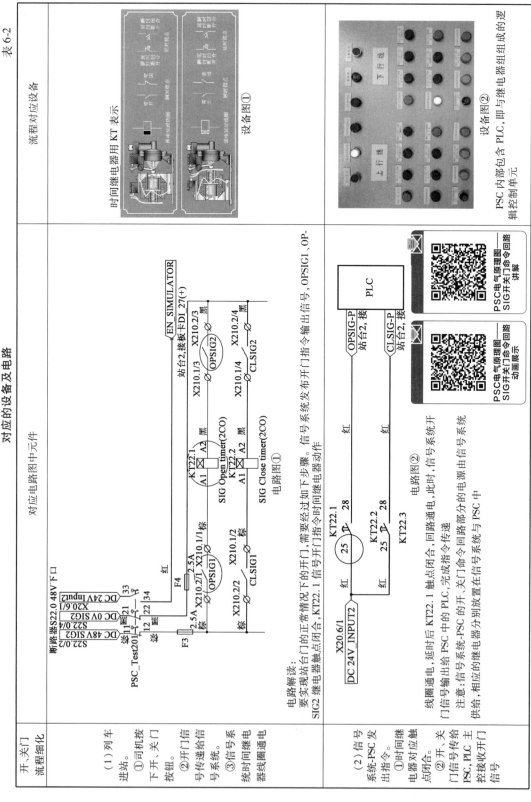

模块六 站台门电气系统检修

续上表

| 开，关门流程细化 | 对应电路图中元件 | 流程对应设备 |
|---|---|---|
| （3）PSC发布相应指令给DCU。<br>①信号系统开关门继电器另一触点动作。<br>②输出信号给每个门的DCU。<br>③控制门机与门锁紧装置解锁开门。<br>④在门体开门过程中，PLC主控单元与DCU会通过通信接口实时传递门体运行信息，如开、关门速度，到位情况等 | 根据前述开关动作，对应电路图③中的KT22.1触点同样闭合，则PSC中的K22.4和K22.5开门继电器线圈通电，信号系统开门命令回路导通，K22.4继电器常开触点闭合，DOP门体开门回路导通，实现开门动作。<br><br>电路图③<br><br>注意：从电路图③中也可以看出，下发命令是有前提条件的，图中K21.1的PSL使能继电器常闭触点与K20.2的IBP使能继电器常闭触点需保持不变。不同等级控制系统的优先级别通过这种电气互锁的方式来实现。（PSL，IBP与PSC的等级关系请参考模块六） | PSC中的PLC设备如下图所示<br><br>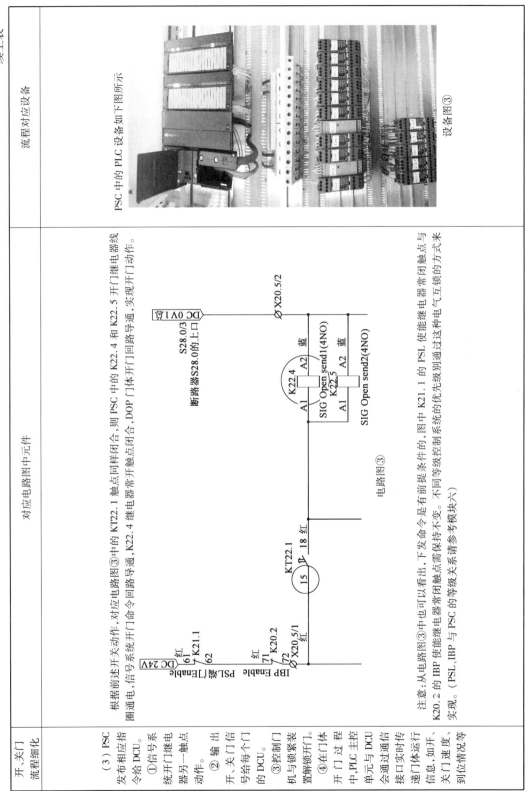<br><br>设备图③ |

111

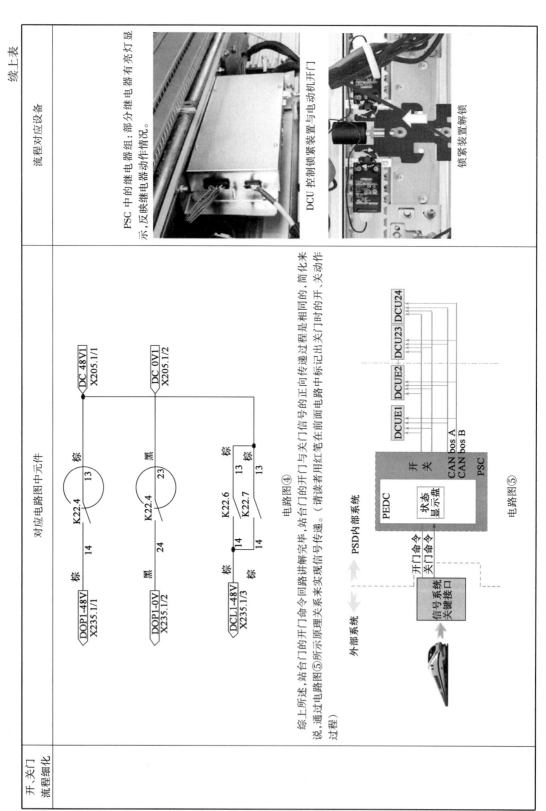

## 3. 站台门关闭锁紧回路与信号反馈

控制电路图纸经常很大或很多页,我们应该如何读图呢?
(1)确认目标动作元件,即本回路最重要的启动元件。
(2)确认第一动作元件,如手动操作的按钮或主令电气。
(3)由第一启动元件向目标元件推演电路,通过触点找线圈,通过线圈找触点,最终找到目标部件,实现电路功能。
(4)注意串联触点为"与"关系,并联触点为"或"关系。

以上为读取二次回路的常用方法,各位同学在看电路图时使用此方法,能够快速掌握电路图原理,也能够在判断故障时提高效率,节约时间。

[案例]北京地铁5号线半高站台门在运营过程当中,一名酒醉乘客将滑动门站台侧扳手扳动,使得滑动门打开,进站列车被强行紧急制动。

[思考]当站台门有任何一扇门没有正常关闭时,为何列车无法进站或离站?

在上文中,我们已经知道站台门的开、关门指令的正向传递过程,而门体关闭后的信号反馈过程是如何通过电路实现的呢?下面进行讲解。

我们通过站台门控制系统原理图(图6-4)可知,能够放行列车的前提是信号系统接收到关闭锁紧回路(或称安全回路)信号。

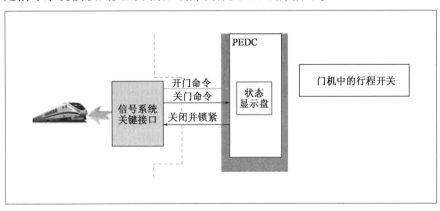

● 图6-4 站台门控制系统原理图

控制系统原理图一

控制系统原理图二

该回路由门机系统中的行程开关,PSC中的关门到位行程开关、锁紧继电器等部分组成。关闭锁紧回路中的行程开关为常闭开关,一般设置在滑动门门机中,包括关闭到位行程开关、锁紧行程开关,有的品牌门体还包括开门到位行程开关(类似开关多数以常闭形式串联在关闭锁紧回路中),以检测门体关闭锁紧情况。元件实物图如图6-5所示。同时,在应急门、端门上设有行程开关以检测门体开关情况。

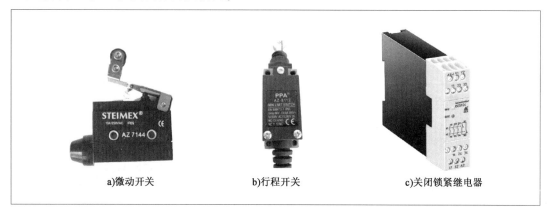

●图6-5 元件实物图

关闭锁紧继电器安装在PSC中,继电器的触点由信号系统提供电源,线圈与上述各行程开关串联。

行程开关在不同情况下,处于不同状态,如图6-6所示,行程开关的触点会由于电磁锁不同的位置而处于不同状态。其中,图6-6a)中触点被锁紧装置触发,图6-6b)中门体锁闭—锁紧装置落锁—行程开关触点复位这种状态的变化也决定了关闭锁紧回路的通断。

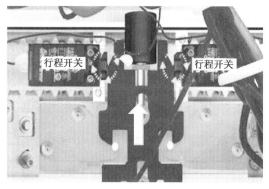
a)门体解锁时,行程开关触发

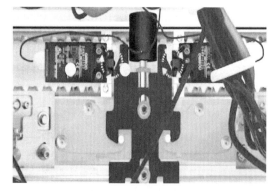
b)门体锁紧时,行程开关复位常闭

●图6-6 行程开关位置图

为了便于理解,给出图6-7所示的关闭锁紧回路原理图。当门体全部关闭锁紧时,滑动门/应急门行程开关未被触发,处于常闭状态,与PSC中的关闭锁紧继电器线圈串联而成的回路A1通电,此时继电器线圈通电,对应继电器触点闭合,该关闭锁紧信号回路A2接通。否则,如有任何一个行程开关断开,则关闭锁紧回路A1断开,无法反馈关闭锁紧信号,列车无法进、出站。由此可见,站台门的开、关以及关闭锁紧回路的导通对列车的运行起着至关重要的作用。因此,这也是学习的重点之一,当发生故障时,是重点排查对象。

请各位同学结合读图窍门与原理,指认图6-7中的行程开关与关闭锁紧继电器,并说明该电路原理及元件所在位置。图6-7中,暗框标记的部分为行程开关,当全部行程开关接通时，K23.1、K23.2 线圈通电，对应触点闭合，K23.3、K23.4 线圈带电，对应触点闭合，PSC 反馈电信号。

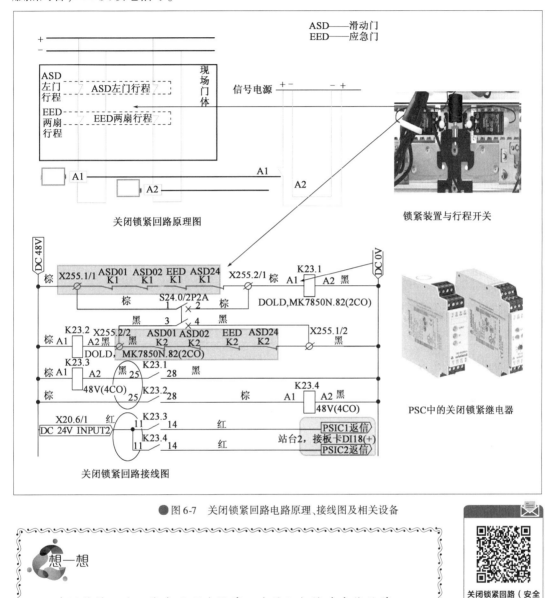

● 图 6-7 关闭锁紧回路电路原理、接线图及相关设备

> **想一想**
> 
> 关闭锁紧回路可能出现哪些故障？应该如何快速查找故障？

关闭锁紧回路（安全回路）原理讲解

# 学习任务三  PSL 与 IBP 控制电路运行原理

1. PSL 开、关门原理

在之前的学习中，我们对 PSL 的基本形式与功能有了一定了解。PSL 能够对一侧门体进行开、关门操作。PSL 开、关门原理是当出现信号系统故障,以及信号系统与 PSC 的通信中断等非正常情况时,列车司机或站务人员可通过 PSL 进行站台门的开门、关门操作,具体的 PSL 开、关门流程如图 6-8 所示,特殊情况下进行互锁解除,保障列车离站(图 6-9)。

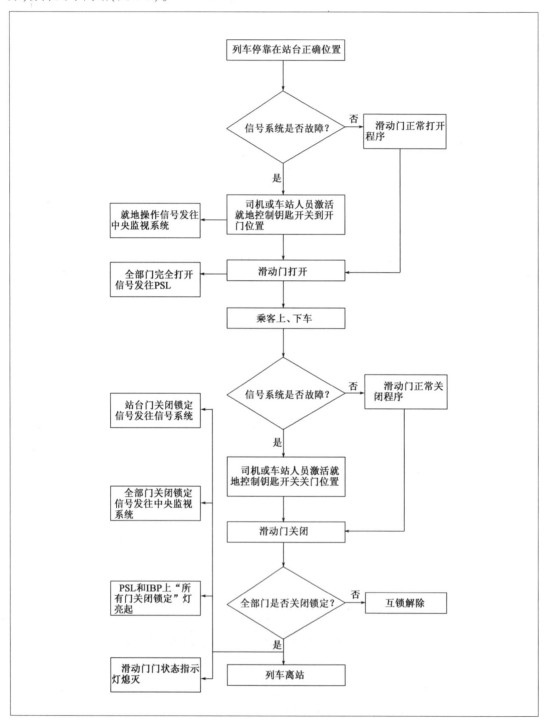

● 图 6-8　PSL 开、关门流程

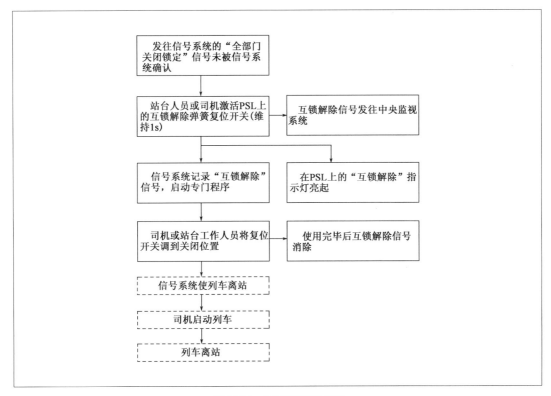

● 图6-9 PSL互锁解除流程

PSC 与 PSL 的接口是硬连线接口,接口图如图6-10所示,主要用于控制站台门的开启、关闭以及互锁解除。

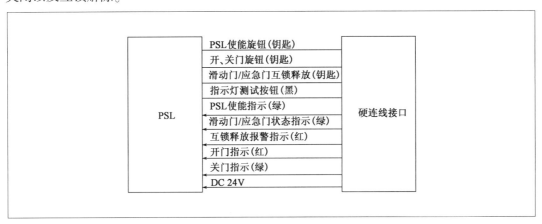

● 图6-10 PSC 与 PSL 接口图

PSL 与 PSC 上、下行控制单元通过一根 25mm×0.3mm 的屏蔽电缆连接。结合前边所学,请各位同学用读取电路图窍门来理解 PSL 开关门控制电路。

(1)确定目标元件。根据分析可知,K22.4 如有接通,则站台门打开,如图6-11所示。

(2)明确第一启动元件。如果要使用 PSL 打开、关闭门体,则 PSL 的开、关门启动元件为 PSL Enable 使能钥匙和 Open/Close(开门/关门)钥匙,如图6-12所示。

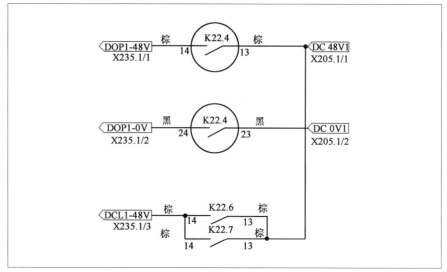

● 图 6-11　PSL 开、关门命令电路①

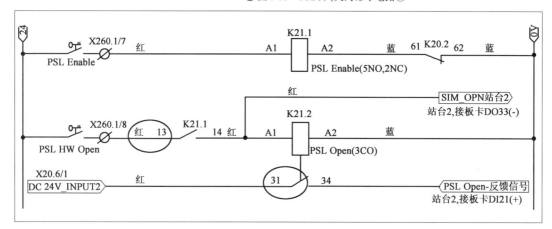

● 图 6-12　PSL 开、关门命令电路②

> **重要提示**
>
> 以上电路中,钥匙在 PSL 上,其他主要继电器元件均在 PSC 中。虽然两者之间有密切的接口关系,但是 PSL 对开、关门的控制相对独立,不受 PSC 系统级控制失效影响。

(3) 从启动元件出发,线圈—触点,触点—线圈,直到找到目标元件。根据此思路,发现使能钥匙与开门钥匙启动后,K21.1 通电,对应图 6-13 中的触点闭合,则 K21.2 通电,下方触点闭合,将信号传出。图 6-13 中 K21.1 断开后,KT22.1 回路断开(系统级控制失效)。K21.2 触点闭合,则 K22.4 线圈通电,实现开门指令的发布。

模块六 站台门电气系统检修

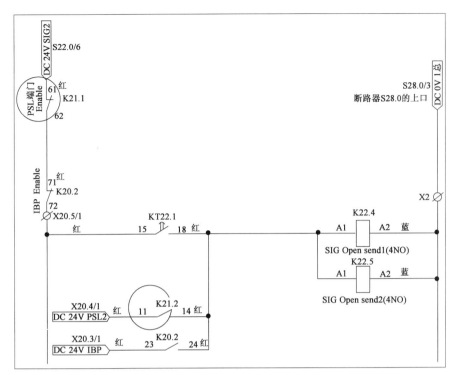

开关门命令回路——读图方法

● 图 6-13　PSL 开、关门命令电路③

2. PSL 的互锁解除电路原理

说明

当无法传递关闭锁紧信号，但需要尽快放行列车时，将 PSL 拨到"互锁解除"位，此时 PSL 反馈互锁解除信号，信号系统使列车在限制模式（RM）下运行。

当旋转 PSL 互锁解除钥匙时，将直接反馈信号给信号系统，放行列车离站。PSL 互锁解除电路（图 6-14）与前述的关闭锁紧电路有电气互锁关系，两者不能同时接通。PSL 的功能实现总结在站台门控制系统原理图中，如图 6-15 所示，请仔细查看 PSL 对门的控制电路。

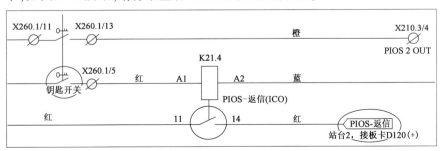

● 图 6-14　PSL 互锁解除电路

119

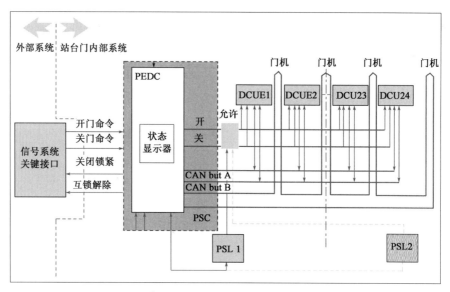

● 图 6-15　站台门控制系统原理图

3. IBP 的接口图

IBP 作为车站综控室的综合后备盘,并非站台门的内部设备,但却是站台门控制系统的重要控制级别之一。IBP 接口图如图 6-16 所示。其中,硬连线接口用于控制紧急开门和门状态指示。

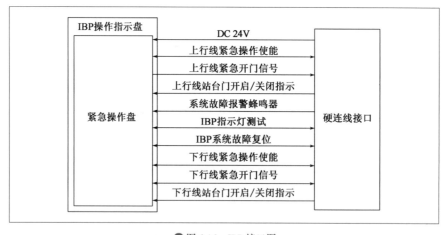

● 图 6-16　IBP 接口图

前文曾介绍,IBP 上有两把钥匙,分别为使能钥匙和开关钥匙。与 PSL 类似,需要同时具备使能和开门指令才能够将门体打开,以防止误操作。其开门电路图如图 6-17 所示,请各位同学结合读图窍门自行学习,并将各元件动作顺序标记在书本中。

(1)确定目标元件或目标过程。　　　　IBP 有效开门反馈信号
(2)确定启动元件。　　　　　　　　　IBP OPEN,IBP Vaid
(3)寻找中间关系,直到功能实现。　　K10.1、K10.2

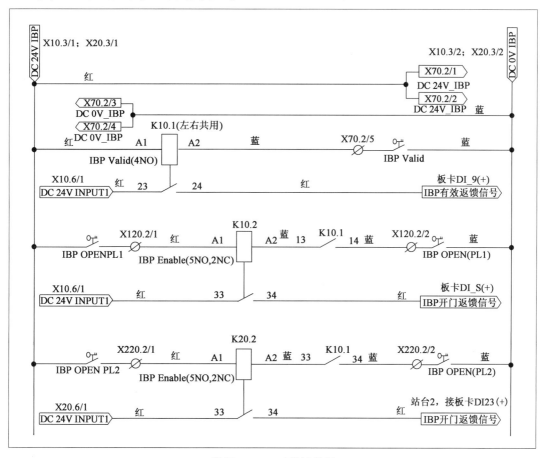

● 图 6-17　IBP 开门电路图

**4. 三级控制优先级关系原理**

结合以上内容可知,PSC/PSL/IBP 均能够对整体门体进行控制,其控制优先级关系为 IBP≫PSL≫PSC,具体实现电路汇总后如图 6-18 所示。其电路原理如下。

(1)站台门的开、关门命令回路,通过电气互锁的方式实现优先级别的设置三级控制电路如图 6-18 所示。正常情况下,信息系统开、关门回路中 SIGOKT/SIGC KT 信号系统开关门继电器闭合,接通电路并导出信号。

(2)当 PSL 控制开关门时,PSLOT 开门开关与 PSLOR 使能开关命令门体开、关门。同时,LOR 将命令信号系统命令回路与 PSL 控制回路互锁。因此,PSL 开、关门命令时,信号系统系统级命令回路断开。

(3)同样,IBP 中 IBP OPEN 开门开关与 IBP Enable 使能开关动作时,断开 PSL 开门回路,完成对门体的控制。

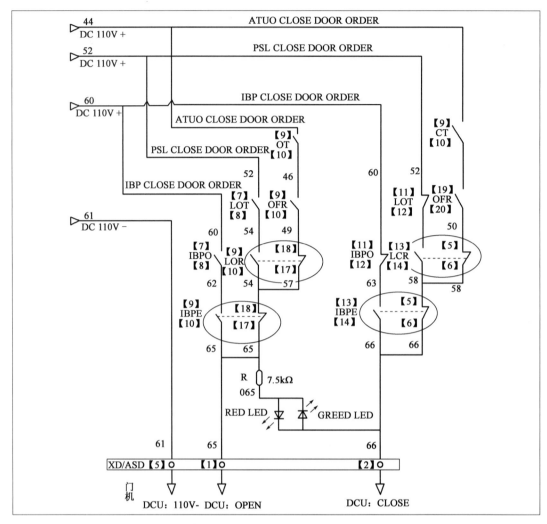

● 图 6-18　三级控制电路(110V 设备)

注:图中标记为互锁点。

## 学习任务四　站台门与其他系统接口与运行原理

1. LCB 的功能实现

LCB 作为单扇门的控制设备,主要通过对 DCU 与门机内部的控制回路的控制实现其功能。手动开、关门挡是通过将关闭锁紧回路中单元门的行程开关旁路,使其不串联在回路中。同时,控制 DCU 来开、关滑动门。

隔离挡则是通过断开滑动门的就地供电单元起到断电的作用,但由于关闭锁紧回路的电源由 PSC 提供,因此,门体的开、关门状态仍然通过关闭锁紧行程开关反馈给 PSC。

## 2. PSA、环境与设备监控系统(BAS)/ISCS 的接口

PSC 的所有状态信息将在 PSA 监控系统中显示,当系统发生故障时,可通过 SMT 维护工具进行系统维护。为了满足车站综控室、线路控制中心对门体运行情况的了解,摘取 PSA 主要信息提供满足 TCP/IP 的通信接口,使系统与外部监控系统通信。ISCS 通信关系图如图 6-19 所示。接口主要用于站台门系统的整体监控。典型的状态报警信息如下。

(1)PEDC 控制器故障;PEDC-DCU 数据总线故障;门单元开门命令故障;门单元允许命令故障。

(2)门单元关闭锁紧命令故障;门超速故障;门解锁故障;门机驱动故障。

(3)门单元模式开关故障;门单元电源故障;开门故障;关门故障;门单元驱动装置故障。

(4)门单元手动解锁开关故障;门锁开关故障;门全开状态;门检测到障碍物;门旁通/隔离。

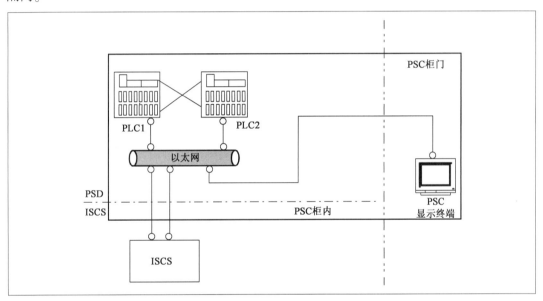

● 图 6-19 ISCS 通信关系图

以上为一部分可得到的状态和故障信息清单,其清单的内容可以通过软件设置来添加或减少。与 BAS 的接口同时允许非关键命令传达到站台门系统,具体如下。

(1)禁止一个单独的门单元功能;发送日期/时间用于升级 PEDC 时钟。

(2)改变预设的障碍物探测反应模式;改变预设的速度曲线。

# 学习任务五　控制系统运行原理总结

根据前 4 个任务的学习,将 IBP、ISCS 接口关系以及 LCB 设备总结得到站台门控制系统原理图,如图 6-20 所示。

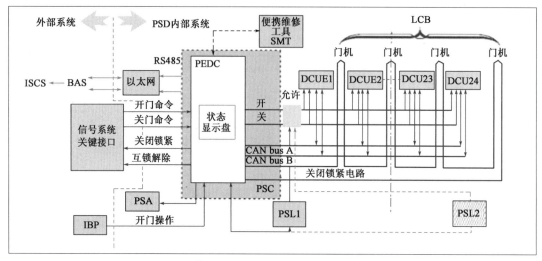

● 图 6-20 站台门控制系统原理图

下面我们对站台门控制系统原理进行全面讲解。从图 6-20 中可以看出，站台门的控制核心为 PSC，其与外界系统、内部设备进行连接。信息传递方式包括通信与硬线两种关系，通信解决状态数据传递，硬线解决门体的控制。具体控制如下。

(1) 当列车进入时，信号系统传递开、关门命令给 PSC，通过开、关门命令回路控制门体开、关，同时通过 CAN 现场数据总线与 DCU 传递门体状态信息。

(2) 站台门在闭锁后通过关闭锁紧回路（由关闭锁紧行程开关、门到位开关以常闭形式串联在一起）反馈关闭锁紧信号给 PSC 并反馈给信号系统，保证列车的驶入、驶出。

(3) IBP 与 PSL 控制站台门的开关，同时反馈信息给 PSC。PSL 还可以通过互锁解除放行列车。

(4) PSA 收集来自门体的全部信息监视站台门的状态，同时，通过以太网协议将信息提供给 ISCS，保证对门体的远程监视，通过系统维护工具 SMT 进行系统维护。

### 任务实施

请完成实训十一，站台门控制系统电路实训，见本教材配套实训工作页。

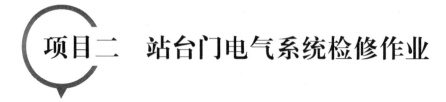

## 项目二 站台门电气系统检修作业

站台门的电气系统包括控制系统、电源系统与监视系统。电源系统和控制系统是站台门至关重要的系统，因此其系统的检修也异常重要，主要检修内容大致可以分为以下 5 种类型。

（1）整洁清理工作。设备落灰时若不及时清理可能导致短路。

（2）设备运行状态的检修。例如,用试灯按钮来测试指示灯本身是否可靠,用功能测试来检查运行状态与灯的显示是否一致等。

（3）设备内部模块的性能情况检修。例如,电池是否良好,整流模块等是否能保证电源电压的稳定性,继电器是否损坏等。

（4）设备内部线路检修,尤其是重点回路的检修情况。重点回路的检修包括与信号系统的命令回路,安全或关闭锁紧回路等线路的通断情况或螺钉紧固等检修。设备线路虚接等是导致线路损坏的重要原因,因此也是检修的重点。

（5）监控系统的故障报警或数据留存。以保证系统正常运行。

**想一想**

站台门的电气系统由哪些部分组成？控制系统由哪些部分组成？都需要进行怎样的维护呢？

电气控制系统检修

下面我们开始学习具体的检修作业,首先请各位同学明确安全规程、检修流程。所有的安全规程、检修流程与模块二中机械系统检修的内容一致,在此不赘述。电气系统检修时因为事关用电安全,因此检修作业人员更须确保执行相应公司的相关安全规定、检修步骤及验收准则等。

为了便于阅读和理解,本项目对关键性项目进行详细说明,同时附地铁公司的检修项目表供参考和实训使用。

## 学习任务一　控制与监视系统检修作业

控制与监视系统检修作业见表 6-3。

控制与监视系统检修作业　　表 6-3

| 设备类型 | 检修项目 | 工具/设备 | 检修步骤 | 验收准则 |
|---|---|---|---|---|
| 控制与监视类设备检修 | PSC | PSL 专用钥匙、一字螺丝刀、十字螺丝刀、红外点温仪 | 电气元件运行状态与接线检查。<br>（1）按 PSC 上的指示灯测试按钮,观察是否所有指示灯点亮 3s 后自动熄灭。<br>（2）观察 PSL 操作时,PSC 的指示灯是否对应点亮。<br><br>PSC 指示灯 | |

续上表

| 设备类型 | 检修项目 | 工具/设备 | 检修步骤 | 验收准则 |
|---|---|---|---|---|
| 控制与监视类设备检修 | PSC | PSL专用钥匙、一字螺丝刀、十字螺丝刀、红外点温仪 | (3)使用一字螺丝刀、十字螺丝刀检查开关、模块、继电器、接线端子、线缆,确保牢固无破损。若损坏及时更换。<br>(4)PSC控制主机功能测试使用红外点温仪测量并记录PSC控制主机表面温度,温度值应小于50℃。<br><br>红外点温仪测量<br><br>(5)查看工控机操作系统是否启动,工控机与ISCS是否通信及总线故障报警情况<br><br>PSC柜电气检修 | (1)PSC上的所有电气元件工作正常。<br>(2)PSC的电气元件在监控界面上有正确显示 |
| | | 互锁解除钥匙、万用表、试电笔 | 与信号专业接口功能测试。<br>用万用表测试接线端子电压,并操作互锁解除。<br>(1)若指示灯无响应,更换指示灯。<br>(2)若钥匙插拔困难、转动不灵活,更换互锁解除钥匙开关。<br>(3)若操作互锁解除无记录、无响应,查看接线情况,检查设备间内电源。<br>(4)若电压过低,上报并记录,联系通信专业人员进行检修<br><br>万用表测试 | (1)开、关门电源输出正常,反馈电压正常(约20V)。<br>(2)所有门体关闭锁紧状态下相应指示灯显示正常。<br>(3)操作互锁解除PSC记录正常,盘面指示灯正常 |
| | | | 检测安全(关闭锁紧)回路功能。<br>(1)检查关闭锁紧时,继电器的吸合或亮灯情况。<br>(2)检查关闭锁紧回路接口情况,接口电压是否为24V。<br>(3)如发现断开,检查各门体行程开关、微动开关等的状态 | |

续上表

| 设备类型 | 检修项目 | 工具/设备 | 检修步骤 | 验收准则 |
|---|---|---|---|---|
| 控制与监视类设备检修 | PSL | PSL专用钥匙 | PSL开、关门及互锁解除功能检查。<br>(1)将PSL专用钥匙拨至"使能"位,按下开门按钮,检查站台单侧站台门是否打开,且PSL上的开门指示灯亮,关门指示灯灭。<br>(2)将PSL专用钥匙拨至"关门"位,检查站台单侧站台门是否关闭,且PSL上的关门指示灯亮,开门指示灯灭。<br>(3)转动互锁开关时,互锁指示灯点亮。<br>(4)将PSL专用钥匙拨至"复位"位<br><br>转动开关 | (1)用PSL专用钥匙进行站台门的开、关,PSL上的指示灯正常指示。<br>(2)用PSL专用钥匙进行站台门的开、关,滑动门正常开、关 |
| | | 一字螺丝刀、十字螺丝刀 | PSL接线检查(月度检修内容)——内部接线及锁芯紧固度检查。<br>(1)将PSL面板打开,使用一字螺丝刀、十字螺丝刀检查PSL内部接线是否紧固、锁芯是否固定牢固。<br><br>PSL内部接线<br><br>(2)当PSL专用钥匙插入后整侧站台门无法开、关门;互锁解除钥匙插入后,无法向信号系统发出互锁解除信号;PSL专用钥匙无法插入锁芯时,原因可能是锁芯损坏、钥匙损坏、开关接线松动或脱落(PSC或PSL端子排接线松动),可采取更换钥匙、更换锁芯、紧固接线的措施 | 内部接线紧固、锁芯固定牢固 |
| | IBP面板器件检查 | IBP专用钥匙、螺丝刀 | (1)将IBP工作台的后箱板打开,检查所有的开关元件固定是否牢靠。<br>(2)检查开关接线是否松动。<br>(3)拨动IBP专用钥匙到"使能"位,观察动作是否灵活,对应的使能指示灯是否点亮。<br>(4)按上行线的紧急开门按钮,观察在监控界面上是否有上行线的站台门打开的显示,面板上的门状态指示灯是否正确显示。<br>(5)按下行线的紧急开门按钮,观察在监控界面上是否有下行线的站台门打开的显示,面板上的门状态指示灯是否正确显示。<br>(6)记录检查结果 | (1)开关组件固定无松动。<br>(2)开、关动作灵活可靠。<br>(3)接线无松动。<br>(4)IBP的紧急开门操作正常。<br>(5)IBP的门状态指示灯正常。<br>(6)IBP的工作状态在监控界面上有正确显示 |

续上表

| 设备类型 | 检修项目 | 工具/设备 | 检修步骤 | 验收准则 |
|---|---|---|---|---|
| 控制与监视类设备检修 | IBP面板器件检查 | IBP专用钥匙、螺丝刀 | 面板指示灯外观图<br><br>面板内部图 | IBP内部、外部各器件无故障 |
| | LCB功能检查 | LCB专用钥匙/人字梯或工作台 | LCB功能检查。<br>(1)用LCB专用钥匙将滑动门维护罩打开。<br>(2)检查开关的固定和接线是否牢靠。<br>(3)将LCB专用钥匙拨至"手动开门"/"手动关门"位,检查门是否有相应的动作。<br>(4)将LCB专用钥匙拨至"自动"位。<br>(5)操作PSL上的开、关门钥匙开关,检查门是否有相应的动作。<br>(6)将LCB专用钥匙拨至"隔离"位;操作PSL上的开、关钥匙开关,检查门是否不动作 | (1)开关组件固定无松动。<br>(2)开关触点转换动作灵活可靠。<br>(3)接线无松动。<br>(4)隔离、手动和自动功能正常。<br>(5)操作开、关钥匙,滑动门动作正常 |
| | | | 滑动门的到位开关、锁紧开关检查。<br>(1)用顶箱维护罩专用钥匙将滑动门顶箱打开。<br>(2)检查开关组件和接线是否松动。<br>(3)手动将开关的触点压下,再松开,观察动作是否灵活。<br>(4)手动将滑动门拉到关门位置,观察开关是否被正确压下。<br>(5)手动解锁滑动门,观察开关是否被正确压下。<br>(6)用LCB专用钥匙将开关转向"手动"位,操作开、关门挡位,检查门动作是否正常,DCU上的故障指示灯有无门到位故障提示或门未关到位故障提示。<br>(7)用LCB专用钥匙将开关转到"隔离"位,查看门机是否断电,DCU设备是否失电 | (1)开关组件固定无松动。<br>(2)开关活动触点压下和弹起动作灵活可靠。<br>(3)接线无松动。<br>(4)滑动门动作正常,无滑动门未到位、到位、未锁紧故障报警 |

续上表

| 设备类型 | 检修项目 | 工具/设备 | 检修步骤 | 验收准则 |
|---|---|---|---|---|
| 控制与监视类设备检修 | DCU 的功能检查 | 螺丝刀 | (1)闭合断路器之前首先确认所有接插件已正确连接。<br>(2)手动开、关门,查看开、关行程是否通畅,将 LCB 专用钥匙拨到"自动"位。<br>(3)闭合端子排断路器的开关,为 DCU 通电。<br>(4)通电后,电磁锁解锁,滑动门缓慢关门,至关门端停止,电磁锁落锁,处于关门待机状态。<br>(5)当收到开门信号(包括信号系统信号、PSL 信号、LCB 信号和 IBP 信号)时,电磁锁解锁,执行开门动作,经过加速、高速、制动和缓行阶段,缓慢开门至开门末端。<br>(6)有关门信号(包括信号系统信号、PSL 信号、LCB 信号和 IBP 信号)时,执行关门动作,到关门端后电磁锁落锁 | DCU 通电正常;控制系统不同情况下,DCU 对门机的控制正常 |
| | 监控系统检查 | 无 | 综控室内通过目视观察 PSA 功能。<br>(1)PSA 显示站台门系统运行正常,"当前故障信息栏"中无"报警"信息;查询当日 4:00 至当前时刻的运行记录摘要,应无异常报警内容。<br>(2)若通信中断,应检查通信线路及线路上各元件<br><br>系统界面 | 监控界面显示情况与门体运行情况一致 |
| | | | 通过观察核查 ISCS 或综控室 PSA 信息。<br>(1)操作 PSL 开关门观察 ISCS 及综控室 PSA 事件记录。<br>(2)发生故障的须进行及时处理 | (1)上、下行门体状态与现场相符。<br>(2)核实 ISCS 或综控室 PSA 事件记录,对故障信息进行修复 |

# 学习任务二　电源系统检修作业

电源系统检修作业见表 6-4。

电源系统检修作业 表6-4

| 设备类型 | 检修项目 | 工具/设备 | 检修步骤 | 验收准则 |
|---|---|---|---|---|
| 电源系统的检修作业 | 电源柜检修 | 无 | PM4 状态查看。<br>(1)通过点击 PM4 屏幕查看 PM4 显示状态。<br>(2)元件若发生损坏的须进行及时更换<br><br>PM4 屏幕 | PM4 应显示"系统正常",无报警 |
| | | | 驱动及充电电源模块查看。<br>(1)通过观察查看其状态。<br>(2)元件若发生损坏须进行及时更换<br><br>驱动模块 | "运行"绿色指示灯闪烁,故障指示灯熄灭 |
| | | | 控制电源模块查看。<br>(1)通过观察查看其状态。<br>(2)元件若发生损坏的须进行及时更换<br><br>控制电源模块 | (1)控制电源模块外观无破损,运行指示灯点亮,无故障显示。<br>(2)排风扇运行正常 |
| | | | 蓄电池查看。<br>(1)通过观察查看其状态。<br>(2)元件若发生损坏的须进行及时更换<br><br>蓄电池 | 蓄电池无鼓包、漏液、破损现象,接线无破损,通过 PM4 检查电池(单节)电压应不低于 12V |

电源系统开关与基本维护操作

**任务实施**

请完成实训十二,站台门控制系统检修操作实训,见本教材配套实训工作页。

# 模块七

# 站台门系统常见故障处理

### 学习目标

(1) 能够识别站台门系统常见故障分类。
适用岗位：运营类岗位，站台门检修初级工。
(2) 掌握站台门系统常见故障处理流程。
适用岗位：站台门检修中级工、高级工。
(3) 掌握站台门系统常见故障原因分析以及处理方法。
适用岗位：站台门检修中级工、高级工。
(4) 掌握站台门故障处理技能并通过考核。

### 建议学时

16 学时。

### 知识体系与任务关系图

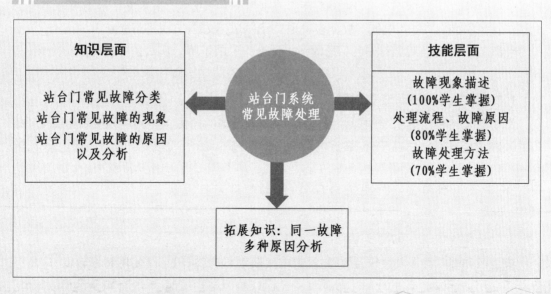

学习提示

本模块一方面介绍了站台门的常见故障,包括机械类和电气类故障;另一方面介绍了站台门故障判断的思路以及实际案例。同学们在学习的过程当中,不要执着于具体案例处理的背诵,而要学会掌握故障处理的思路,能够举一反三,真正提升故障处理能力。

# 项目一　站台门系统常见故障认知

站台门系统是一个非常复杂的系统,不仅控制逻辑比较复杂,运动部件还非常多,面对的工况也是千变万化,出现各种故障也是无法避免的。

要胜任站台门系统的维护工作,必须了解、认知各种常见故障,遇到这些常见故障时,不仅要第一时间知道是什么故障、故障点在哪、这类故障的处理流程是什么,更重要的是知道应该通过怎样的故障处理思路来进行故障的快速诊断与排除。

## 学习任务一　站台门系统故障分布

本任务从单扇门故障和多扇门故障两个层面进行总结。如图 7-1 所示,单扇门故障包括了机械类故障以及电气、通信类故障;而多扇或整侧门故障、控制系统显示类故障主要为电气、通信类故障。其中,电气类故障多采用二分法、优选法等方法进行诊断。

经图 7-1 的描述,我们对站台门的故障类型有一定的了解。现对主要故障进行介绍,具体如下。

1. 机械类故障——滑动门故障

滑动门是站台门最重要的门体,也是唯一频繁运动的门体,容易发生各种故障。滑动门的故障主要有滑动门打开时,靠近电动机侧的门扇有跳动;滑动门不运动,但电动机转动;滑动门关到位和开到位时,门扇左右晃动、运动不连续并带有异常噪声;滑动门关到位时不停止,开到位时有严重撞击现象;滑动门处于打开状态且不响应外部关门信号等。

2. 机械类故障——应急门/端门故障

应急门和端门均是人力开启的门,没有电气驱动机构,端门平时使用频率较低,应急门一般不启用,所以两个门的故障率较低。应急门或端门结构类似,一般有如下常见故障:应急门/端门无法打开;应急门/端门在开、关门过程中,其下部的锁舌摩擦站台面;等等。

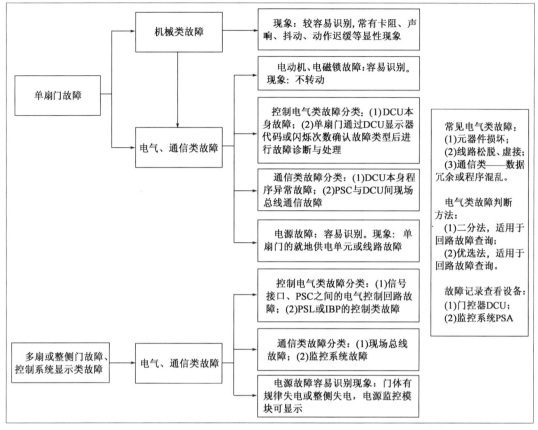

● 图7-1 站台门系统故障分类

3. 机械类故障——锁闭故障

站台门一般在乘客进入车厢完毕后,要与列车门同时关闭并锁紧,以防意外开启,保证站台侧的乘客安全。锁闭故障常见的故障现象有当所有滑动门关闭到位后,滑动门/应急门关闭到位指示灯不亮;电磁铁的锁舌被锁挡干涉落不到位;给出开门信号后电磁锁工作,但门体无开门动作,一直处于关门运动,关到位开关松动,无法触动开关等。

4. 电气类故障——声光报警故障

站台门一般有声音和灯光相关的报警,以便设备在发生故障时,提醒现场的工作人员。此类故障常见的有维护罩上状态指示灯不亮、维护罩上状态指示灯常亮、蜂鸣器不鸣叫、蜂鸣器常鸣、开门状态时显示黄色并开门报警。

5. 电气类故障——DCU 故障

DCU 是站台门运动的控制核心,很多运动控制以及逻辑控制均在 DCU 内进行。通常,DCU 的故障率较低。DCU 也负责监控站台门运动结构的各种状态和参数,以便发现问题时及时报警。DCU 发生的故障有诊断存储器故障、输出端短路故障等。

6. 电气类故障——安全回路故障

安全回路常见故障有安全回路灯不亮(电磁锁953号线脱落),列车无法出站,上、下行的安全回路灯不亮。

### 7. 电气类故障——控制系统故障

站台门系统的控制系统包括 IBP、PSC、PSL、LCB 等,这类控制系统能对站台门进行控制,具有手动按钮或指示灯,非常容易发生故障。常见的故障有当发生报警时,IBP 报警蜂鸣器未鸣响;操作指示灯测试按钮,IBP 面板开、关门操作指示灯未变化;操作 IBP 紧急开关旋钮,IBP 面板开、关门操作指示灯未变化;IBP 显示灰色,PSL 正常操作;IBP 显示红色,关门锁不到位等。

### 8. 通信类故障

通信类故障主要有单个门通信中断、与所有 DCU 通信中断、与 PEDC 通信故障等。

> 除了上述提到的故障类型,根据前面学到的站台门原理,还有哪些没有涉及的可能发生的故障?

## 学习任务二 站台门系统故障处理流程

地铁站台每天客流量非常大,列车的间隔时间很短,每天站台门系统要开合几百次,非常容易发生故障。作为维护人员要清楚地知道日常的故障应急处理流程,表 7-1 列出了一般的站台门故障处理流程,请同学们认真学习,组织讨论,针对后面的故障进行分析。

**站台门故障处理流程**　　　　　　　　　　　　表 7-1

| 序号 | 操作过程 | 操作要求 | 工作内容 |
|---|---|---|---|
| 1 | 准备工作 | 了解接到报修后至到达现场前应做的工作 | 接报修后做好记录,接报修时应问问车站、上下行、故障门号、故障现象 |
| | | | 根据故障报修,选择维修工具、器具、仪表、常用维修备件,携带上述维修工器具、仪表和备件,30min 内到达现场 |
| 2 | 故障处置流程 | 了解到达现场后的故障处置流程 | 到综控室登记 |
| | | | 协助车站应急处置、检查,设置围挡 |
| | | 分析故障类型及原因 | 根据故障现象分析故障类型及原因 |
| | | 针对故障原因提出解决方案 | 找出故障原因,做好记录,并根据原因提出切实的解决方案 |
| | | 根据解决方案处理故障 | 解决方案制定后,依据方案处理故障,并随时做好相关记录 |
| | | 通电试验 | 依据安全规范进行通电,确保故障完全解除,做好记录 |
| 3 | 故障处置后的工作 | 了解故障处置完成后应做的工作 | (1)到综控室注销,填写故障记录及故障维修单。<br>(2)拷贝设备运行记录 |

# 项目二　站台门常见机械故障处理

## 学习任务一　站台门机械类故障诊断思路

站台门机械类故障的判断应根据机械传动主要部件的运行情况进行。为了更快地判断故障位置,一般采用"望、闻、问、切""明显特征先判断(如先判断传动装置或电动机是否运行正常)"的方式,再根据设备传动的顺序逐一进行推断。门体机械故障诊断流程如图7-2所示。

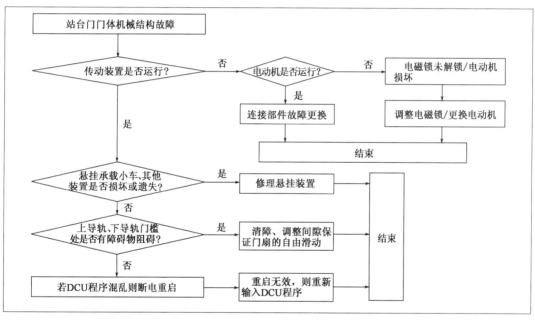

● 图7-2　门体机械故障诊断流程

从图7-2中可以看出,故障诊断是从最直接可见的传动装置开始判断,然后根据其运行的情况分别向两个方向推理判定,非常适用于新员工对设备的故障诊断方法掌握。除图7-2中的可能故障外,站台门的机械故障还包括其他元件导致的故障,如门扇上方毛刷变形导致门扇开、关门速度不一致或缓慢。这些故障更多地需要我们不断学习,并在工作过程中根据经验进行判断。

故障诊断就像是医生给病人看病,不同病人差别很大,每个品牌,甚至每个型号的设备均有差别,因此请大家学习时追源溯本,发现本质。

## 学习任务二　滑动门机械类故障处理

丝杆类传动的站台门机械部分常见故障及解决方法如图7-3所示,可供大家参考。

请大家回顾模块二中滑动门的基本结构与工作原理,并对照实训设备学习图7-3和图7-4。

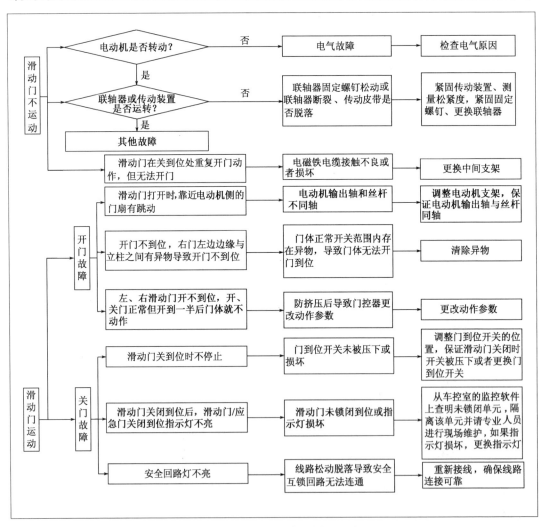

●图7-3　滑动门机械故障解决方法思维图

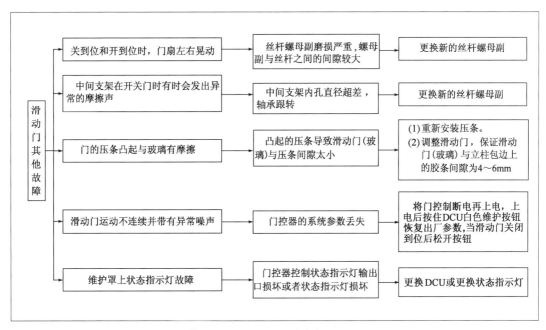

● 图 7-4　滑动门机械故障分析思维图

## 学习任务三　应急门/端门机械类故障处理

应急门、端门是站台门门体结构中较为简单的设备,主要为机械结构。其故障情况分为机械和电气两类。机械类故障主要是门锁以及门体下垂两个层面的故障,如图 7-5 所示。此外,应急门与端门上方一般设有行程开关检测门体的开、关情况,这也是一个常见故障点。

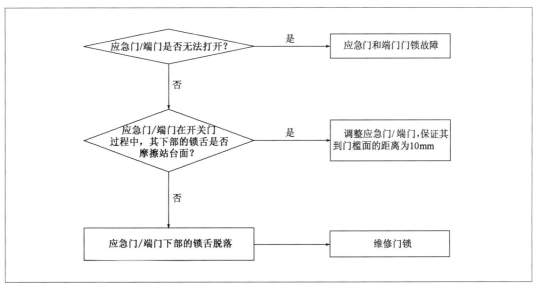

● 图 7-5　应急门/端门机械类故障分析思维图

## 学习任务四　其他机械类故障处理

1. 声光报警故障

(1)维护罩上状态指示灯故障。

①可能的原因:DCU 控制状态指示灯的输出口损坏或状态指示灯损坏。

②对应的解决方法:更换 DCU 或更换状态指示灯。

(2)蜂鸣器不鸣叫、蜂鸣器常鸣。

①可能的原因:DCU 控制蜂鸣器的输出口损坏或蜂鸣器损坏。

②对应的解决方法:更换 DCU 或更换蜂鸣器。

(3)开门状态时显示黄色并开门报警。

①可能的原因:维修时将软件参数恢复成了默认参数。

②对应的解决方法:通过上位机重新设置参数。

站台门常见故障
——开锁故障

2. 锁闭故障

(1)当所有滑动门关闭到位后,滑动门/应急门关闭到位指示灯不亮。

①可能的原因:滑动门未锁闭到位或指示灯损坏。

②对应的解决方法:从车控室的监控软件上查明未锁闭单元,隔离该单元并请专业人员进行现场维护,如果指示灯损坏,请更换指示灯。

(2)电磁铁的锁舌被锁挡干涉落不到位。

①可能的原因:锁部件动作不灵活导致锁到位开关未有效触发或锁到位开关损坏。

②对应的解决方法:如锁到位开关损坏则进行更换;如锁部件动作没有及时触发则调整锁具与锁到位开关的间隙,保证开关动作可靠。

(3)给出开门信号后电磁锁工作,但门体无开门动作,一直处于关门运动,关到位开关松动,无法触动开关。

①可能的原因:关到位开关松动导致无法给出关到位信号。

②对应的解决方法:调整关到位开关位置。

(4)滑动门无法打开,电磁铁吸合能力不够,电磁铁线被压坏。

①可能的原因:电磁铁线缆被压断,导致信号传递失效。

②对应的解决方法:更换电磁铁,并将损坏电磁铁返修。

# 项目三　站台门常见电气故障处理

## 学习任务一　单扇门电气故障处理

1. 单扇门故障处理思路

单扇门故障如已排除机械故障，则为电气类或通信类故障。单扇门故障分析思维图如图7-6所示。

单个门体故障诊断办法

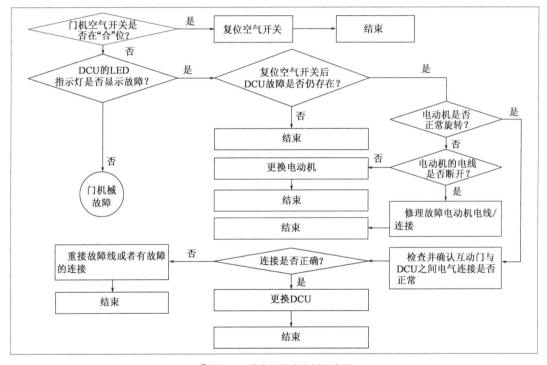

● 图7-6　单扇门故障分析思维图

在单扇门故障中，最关键的元件为DCU。其最影响列车运行的是滑动门所在的安全回路。

想一想

滑动门上的哪个部件被安装在安全回路中，损坏或断开该部件会影响列车的运行吗？进行怎样的操作可以使滑动门的安全回路旁路呢？

其他控制与监视设备检修

DCU 是通信连接的重要部分,可以显示故障的类型,供检修人员参考从而快速识别故障点。那么,怎样进行 DCU 与安全回路重点项目故障处理呢? 下面我们进行学习。

2. DCU 故障诊断与处理

(1)第二路电路驱动门不能正常开、关,门体无电源供给,检查第二路电源进线,发现松动,上紧后恢复正常。

①可能的原因:电源系统接线不规范,导致接线松动。

②对应的解决方法:按要求整改,保证系统可靠供电。

(2)DCU 报 O1 短路,蜂鸣器不响,更换蜂鸣器后故障解除。

①可能的原因:蜂鸣器击穿,DCU 会检测到输出口短路。

②对应的解决方法:更换蜂鸣器。

(3)关到位开关不到位引起锁不到位,DCU 的故障报警闪烁 8 下,门状态指示灯一直在闪烁。故障数据显示关到位开关和锁到位开关不到位,重启 DCU 后,故障解除。

①可能的原因:DCU 关闭至关到位位置时,关门力小,门体未完全关闭到位,导致关到位开关未压合,电磁铁衔铁未落下,锁到位开关未到位;关到位开关位置太靠后,无法在门体关到位位置触发开关动作。

②对应的解决方法:前者原因请参看 DCU 参数,判断是否符合正常开、关门要求;后者原因请调整关到位开关位置。

(4)DCU 故障指示灯闪烁。

①可能的原因:DCU 的 I/O 有问题或内部元件出现问题。DCU 故障代码指示见表 7-2。

DCU 故障代码指示　　　　　　　　表 7-2

| 序号 | "ERROR"LED 指示灯闪烁次数 | 故障名称 |
|---|---|---|
| 1 | 1 次 | 门机电路断路故障 |
| 2 | 2 次 | 门关到位开关故障 |
| 3 | 2 次 | 门锁闭开关故障 |
| 4 | 3 次 | 门 3s 内没有解锁故障 |
| 5 | 4 次 | 门位置传感器故障 |
| 6 | 5 次 | 关门障碍检测启动达到 3 次故障 |
| 7 | 6 次 | 开门障碍检测启动达到 6 次故障 |
| 8 | 7 次 | DCU 的内部安全继电器故障 |
| 9 | 8 次 | 门未经许可离开关门位置故障 |
| 10 | 9 次 | DCU 的 O0 输出短路故障 |
| 11 | 9 次 | DCU 的 O1 输出短路故障 |

续上表

| 序号 | "ERROR"LED 指示灯闪烁次数 | 故障名称 |
|---|---|---|
| 12 | 9 次 | DCU 的 O2 输出短路故障 |
| 13 | 9 次 | DCU 的 O3 输出短路故障 |
| 14 | 10 次 | 诊断存储器故障 |
| 15 | 11 次 | 数据总线通信故障 |

②对应的解决方法:根据表 7-2 对应故障按相关规范解决。

3. 安全回路故障

1)故障情况

某年某月某日某时某分,站台门二工班接到故障通知,某站下行整侧站台门无关闭锁紧信号,站务员将 PSL 转至"互锁解除"位发列车。

2)原因分析

(1)由于故障发生时,工班正利用行车间隔修剪滑动门毛刷,因此初步判断有滑动门未关上导致关闭锁紧信号无法形成。现场紧急对下行 1~5 号滑动门执行手动关门操作。

(2)手动关门之后安全回路仍为断开状态。进入设备房检查 PSC 内接线,发现接线均完好。用万用表测量安全回路电压,发现去往现场的正负线间电压为 100V,正常,而反馈回来为 0V,由此判断现场确实有安全回路断开点。

(3)打开 6 号滑动门顶箱盖板,测得安全回路进线端间电压为 100V,正常,出线电压为 100V,也正常。由于该站安全回路走线方向为从 24 号门进,从 1 号门出,于是推进至 5 号滑动门。测得 5 号滑动门进线电压为 100V,正常,出线电压为 0V,由此判断 5 号滑动门存在安全回路断开点。

(4)推断 5 号 LCB 上安全回路触点损坏。LCB 触点测量如图 7-7 所示,手动关闭状态下常闭触点 13~14 导通正常,而 15~16 不导通。由此判断该 LCB 已损坏。

 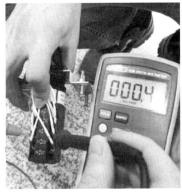

● 图 7-7 LCB 触点测量

（5）自动状态，门已关紧且落锁正常的情况下，安全回路仍未接通，推断为行程开关出现故障。正常情况下，行程开关松开，1~4触点导通；行程开关压下，2~3触点导通。插接口测量如图7-8所示，1~4触点导通正常，而2~3触点断开不导通。由此判断该行程开关已损坏。

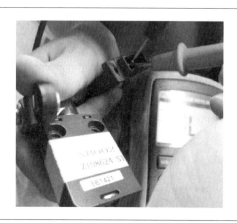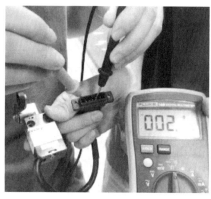

● 图7-8 插接口测量

3）处理方法

（1）该故障发生后，检修人员首先对滑动门进行手动关门操作，以此判断旁路可能发生故障的滑动门。

（2）其次检修人员对PSC内部接线进行检查，发现各接线以及继电器空开均正常，但测得安全回路反馈电压为0V。

（3）检修人员通过对现场滑动门的排查，发现5号滑动门的LCB和行程开关出现问题，当即对该滑动门转至隔离挡位并进行安全回路跳接处理。

（4）当晚检修人员更换行程开关和LCB后，故障修复，现场恢复正常。

4）注意事项

该故障处理需要较强的故障分析能力，对本专业设备熟知，并具有较强的动手能力。工班成员需加强自身专业素养，并针对此类故障进行应急演练。

**任务实施**

请完成实训十三，站台门单扇门故障处理实训，见本教材配套实训工作页。

## 学习任务二　整侧门电气故障处理

1. 整侧门电气故障处理思路

当整侧门出现故障时，一般为电源、控制系统或通信类故障。我们通常通过控制系统的指示灯情况来判断故障的类型，然后对电路进行分析，快速找到故障点。整侧门故障分析思维图如图7-9所示。

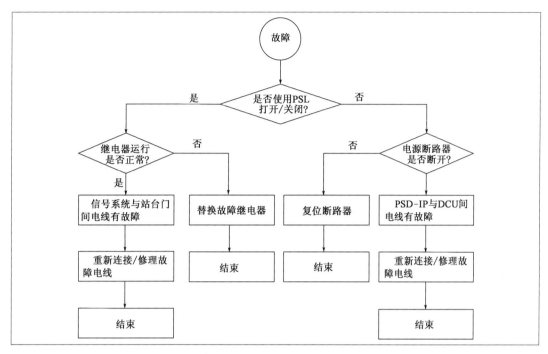

● 图 7-9　整侧门故障分析思维图

其中,常见的重点故障项目介绍如下。

2. 控制系统 IBP 故障

(1)当发生报警时,IBP 报警蜂鸣器未鸣响。

①可能的原因:IBP 报警蜂鸣器损坏。

②对应的解决方法:更换 IBP 报警蜂鸣器。

(2)当发生报警蜂鸣器鸣响,故障解除后,按下 IBP 系统故障复位按钮,蜂鸣器依然鸣响。

①可能的原因:IBP 系统故障复位按钮损坏。

②对应的解决方法:更换 IBP 系统故障复位按钮。

(3)操作指示灯测试按钮,IBP 面板开、关门操作指示灯未变化。

①可能的原因:开、关门操作指示灯损坏。

②对应的解决方法:更换开、关门操作指示灯。

(4)操作 IBP 紧急开关旋钮,IBP 面板开、关门操作指示灯未变化。这个故障分如下两种情况。

①若滑动门响应开门动作,则 IBP 开、关门操作指示灯损坏,此种情况则应更换开、关门操作指示灯。

②若滑动门未响应开门动作,则 IBP 开门按钮损坏,应更换 IBP 开门按钮。

(5)IBP 无法控制站台门运行。

①可能的原因:IBP 未上电。

②对应的解决方法:IBP 控制微型断路器(MCB)上电。

(6)IBP 显示灰色,PSL 正常操作。

①可能的原因:显示器视频线未固定好。

②对应的解决方法:连接并固定显示器视频线。

(7) IBP 显示红色,关门锁不到位,调节锁舌与锁挡距离。

①可能的原因:门到位开关没被压合。

②对应的解决方法:调整门到位开关和撞板。

3. 通信故障

(1) 单个门通信中断。

①可能的原因:DCU 通信插头松或通信口损坏。

②对应的解决方法:重新紧固 DCU 通信插头,如果无效则更换 DCU。

(2) 与所有 DCU 通信中断。

①可能的原因:通信线故障,PEDC 的 CAN 接口故障,监控主机软件故障。

②对应的解决方法:重新安装或紧固通信线,更换 CAN 通信单元,重新启动监控主机。

(3) 与 PEDC 通信故障。

①可能的原因:PEDC 的以太网接口故障,PEDC 软件故障,监控主机软件故障。

②对应的解决方法:更换 PEDC,重新启动 PEDC,重新启动监控主机。

**思考 1**:滑动门在关到位处重复开门动作,但无法开门,除了电磁铁本身故障,还有可能是什么故障?

**思考 2**:滑动门处于打开状态且不响应外部开、关门信号,除了电动机损坏的原因,还有哪些原因引起此类故障现象?

**思考 3**:请总结常用的电气故障诊断方法。

请完成实训十四,站台门故障处理实训,见本教材配套实训工作页。

# 项目四  企业典型故障处理案例

## 学习任务一  PSL 互锁解除故障处理案例

1. 故障概况

(1) 设备名称:站台门 PSL 系统。

(2) 故障现象:关闭锁紧信号消失,操作互锁解除发车无效。

(3) 故障影响程度:影响列车运营,列车不能进、出站。

2. 故障处理经过介绍

(1) 故障信息获得。

综合监控界面显示下行多道门体出现故障后操作互锁解除发车无效,且综控室内行车行车监视系统(MMI)显示上行门体在关闭情况行车码消失,上行车辆无法进站。

(2) 先期故障预判断及准备内容。

通过现场与故障情况进行初步判断,初步分析有以下7种原因。

①PSL 钥匙转换开关故障。

②PSL 内中间继电器故障。

③PEDC 内部问题。

④现场人员操作有误。

⑤信号系统与站台门系统接口问题。

⑥信号系统电源故障,未将电源提供至站台门系统。

⑦信号系统互锁解除继电器故障,列车未收到互锁解除信号。

为了处理故障,准备内容包括万用表、相关图纸、工具包、对讲机、机房钥匙。

(3) 故障现象确认及初步诊断。

接到报修后迅速赶赴现场,并联系综合控制员核对现场状况,发现综合控制室内 MMI 上行行车码已恢复正常,综合监控界面显示下行多道门体处于打开状态,安全回路断开,IBP 的上行"关闭锁紧"指示灯(绿灯)处于熄灭状态,说明上行安全回路断开。经与现场操作人员了解当时的情况后,排除了现场人员操作不当的可能性。初步判断可能的故障有以下4种。

①PSL 钥匙转换开关故障。

②PSL 内中间继电器故障。

③PEDC 内部问题。

④信号系统故障。

为了保证安全运营,现场人员先将下行故障门体利用列车间隔将其置于"手动关"位置,下行"关闭锁紧"信号得以恢复,安全回路恢复正常。与此同时,立即联系信号人员对故障原因进行排查。

(4) 故障实际查找过程及确认。

到达下行车头位置后,立刻检查了 PSL 互锁解除转换开关,动作灵活,未发现卡阻。打开 PSL 内部(图 7-10),PSL 互锁解除转换开关触点没有氧化、虚接、打火等情况。转动钥匙,PSL 盘面的"互锁解除"指示灯点亮,测量钥匙开关常开触点即线号为"101"与"111"接线柱的电压,测量结果为 DC 0V,说明常开触点已导通,排除了 PSL 钥匙转换开关故障。PSL 原理图如图 7-11 所示,在转动 PSL 互锁解除钥匙开关后,PSL 内

图 7-10　PSL 布置图

部的继电器线圈应吸合。根据这个原理,测量结果为 DC 24V,继电器指示灯点亮,说明线圈吸合正常,排除了继电器线圈的故障。输出是否正常需在安全回路断开的情况下检查,运营期间无法检查,只能通过 PSA 故障记录查看。到达站台门设备室后立刻查看 PSA 故障记录,确认了故障时 PEDC 已收到 PSL 的互锁解除信号,但无法确认信号系统已收到了互锁解除信号。因此,判断信号系统与站台门系统接口故障的可能性最大,不排除 PSL 至 PEDC 的接线存在问题。为了保证安全运营,留人值守继续观察,待夜间停运后与信号系统进行联合检查方能判断故障原因并维修。

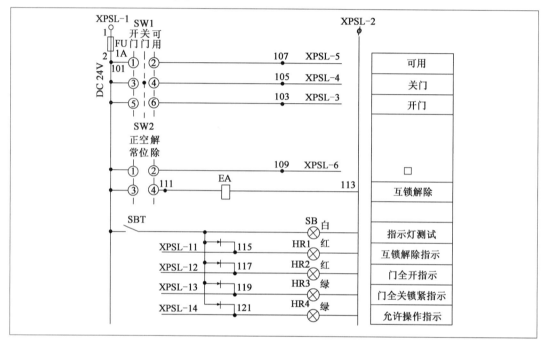

● 图 7-11　PSL 原理图

停运后协同信号公司人员、信号系统设备厂家(卡斯特公司)人员对故障进行排查。如图 7-12 所示,信号系统提供 24V 电源至设备室内的 PSC,上行的为"24P18""24N18",下行的为"24P28""24N28";在上行安全回路断开情况下,现场人员操作上行 PSL 的互锁解除转换开关,"1GRV1"与"1GRV2"间应有 DC 24V 输出至信号系统,在下行安全回路断开情况下,人员操作下行 PSL 的互锁解除转换开关时,"2GRV1"与"2GRV2"应有 DC 24V 输出至信号系统。依照此原理对上、下行互锁解除回路进行了测量。

① 模拟下行故障并验证。

手动解锁下行一道滑动门,造成安全回路断开,测量"24P18"与"24N18"间的电压为 DC 24V,"1GRV1"与"1GRV2"间的电压为 DC 0V。操作上行 PSL 钥匙开关,测量"24P18"与"24N18"间的电压为 DC 24V,"1GRV1"与"1GRV2"间的电压为 DC 24V。此时互锁解除有效。

② 模拟上行故障并验证。

手动解锁下行一道滑动门,造成安全回路断开,测量"24P28"与"24N28"间的电压为 DC 24V,"2GRV1"与"2GRV2"间的电压为 DC 0V。操作下行 PSL 钥匙开关,测量"24P28"与

"24N28"间的电压为 DC 0V,"2GRV1"与"2GRV2"间的电压为 DC 0V,此时互锁解除无效。此时测量"24P18"与"24N18"间的电压为 DC 0V,说明在操作下行 PSL 互锁接触时会影响上行的互锁解除回路及安全回路。

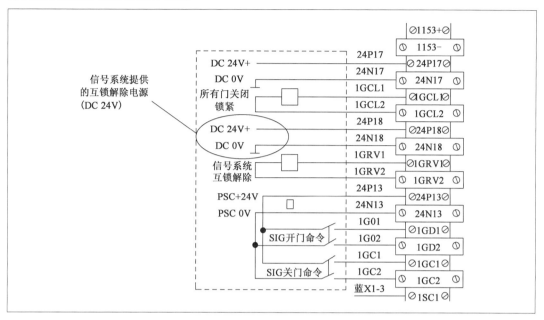

● 图7-12  站台门 PSC 端子图(上行)

注:虚线框内为 SIG 部分。

为了进一步判断故障原因,我们将信号系统提供的 24V 电源线拔出,同时将"2GRV1"至信号系统的下口线缆摘除,在下行安全回路断开情况下,操作下行 PSL 互锁解除钥匙开关,测量"24P28"与"24N28"端子间的电阻为 0Ω,"2GRV1"与"2GRV2"端子间的电阻为 0Ω,说明站台门系统的 PSL 至 PEDC 控制回路有短路现象。

检查 PSL 控制箱内的接线,发现中间继电器触点输出 KA-8 端子与 KA-9 接线错位(图7-13),导致 PEDC 内部的 1L01 与 1L02 短路(图7-14、图7-15),进而使得信号系统提供的电压由 DC 24V 变为 DC 0V。由于信号系统未能按与站台门接口协议中的规定提供上、下行共四路 DC 24V 电源,现场只有一路 DC 24V,因此下行电源发生的故障影响到上行的正常运营。

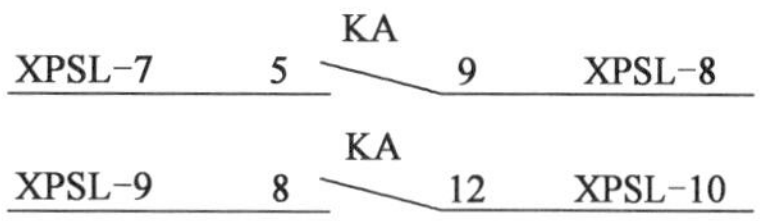

● 图7-13  中间继电器接线图

为了防止再次出现此故障我们将线缆位置调换,并经现场测量后恢复正常,故障处理结束。

(5)故障排除方法。

站台门系统出现互锁解除失效时,首先要根据现象推断导致故障的原因中哪一种的可能性最大。根据此次故障的现象推断为信号系统与站台门系统接口问题可能性最大,因此针对此问题在现场进行了详细的故障检查。由于现场继电器触点输出 KA-8 端子与 KA-9 接线错位,站台门系统无法反馈给信号系统 DC 24V 电源,造成互锁解除失效,调换接线位置后恢复正常。

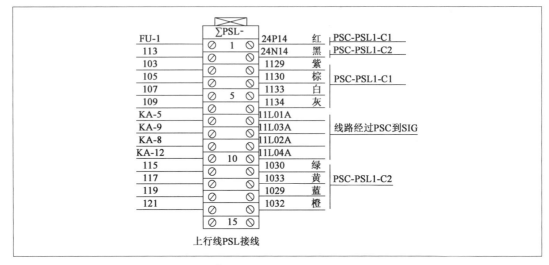

● 图 7-14　上行 PSL 接线图

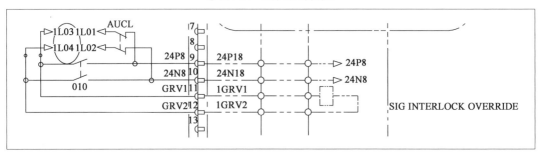

● 图 7-15　PEDC 与 PSL 接线图

3. 原因分析

(1) 故障产生的直接原因及逻辑分析。

①操作下行 PSL 时,PSL 继电器触点输出 KA-8 端子与 KA-9 接线错位,使得控制回路间的电缆有短路现象,站台门系统无法反馈给信号系统 DC 24V 电源,信号系统互锁解除,继电器无法吸合,造成互锁解除失效。

②信号系统未能按与站台门接口协议中的规定提供上、下行共四路 DC 24V 电源,现场只有一路 DC 24V,由于 DC 24V 电源是供给站台门"关闭锁紧"与"互锁解除"的电源,下行一旦发生电源故障,会影响到上行的正常运营。

(2) 直接原因产生的因素分析。

由于 PEDC 的显示及故障记录均显示互锁解除已经正常发出,因此在新线接收过程中未能及时发现,导致此类现象的发生。同时,在信号系统施工过程中,未按照图纸施工也是造成上、下行之间相互影响的主要因素。

4. 案例处理优化分析

(1) 本案例检修在前期过程中有几点误判及不妥之处。

此故障处理流程不合理,检查故障点的范围太大,没有针对性,虽然找到了故障点,解决了故障,但延误了不少时间,应吸取以下教训。

①不能盲目进行故障判断,应该先按照安全回路故障总结的故障类型的范围进行初期分析判断,再进行故障点排查。

②排查故障点要有正确顺序,不能想查哪里就查哪里,这样会延误最终故障点的确定时间。

(2)故障处理优化解决方案。

在发现站台门记录显示正常后,不要盲目判断站台门系统工作是否正常,要经过准确的测量后方可最后下结论。熟知 PSL 互锁解除与 PEDC、信号系统回路布线将会对处理故障有极大的帮助。通过此次故障处理我们发现处理相同问题时,要及时确认信号系统电源是否工作正常;在互锁解除再次出现失效时,可以针对此项检查进行优先判断,及早确定问题归属,这能极大地缩短故障处理时间。

5. 专家提示

(1)正确处理(判断)此类故障的方式方法及关键步骤。

①在出现安全回路故障时首先根据现象冷静判断可能出现的原因以及故障点。

②出现类似问题,要以最快的处理方式来恢复运营。以此次故障为例,应首先将安全回路恢复正常,不能一味依靠互锁解除来接发车;故障门体少量时,不能仅将门体置于"手动"位就处理完成。

③在检查过程中逐步对现场设备进行检查,处理此类故障,首先要确认 PSL 互锁解除转换开关是否工作正常,其次确认继电器线圈是否有 DC 24V,输出是否正常,最后到 PSC 确认站台门系统与信号系统接口是否正常,逐步排除故障点,将范围逐渐缩小。

④在处理完毕后针对出线的故障进行分析,如果有共性问题应当适当扩大检查范围,防止再次出现同类型的故障。

(2)其他提示。

在处理故障过程中,一定注意在测量回路电压时不要造成回路短路,也要注意不要触碰金属部件,以防止故障扩大化烧毁其他设备。在测量完毕后一定要将接线及时恢复。

短路时电流不经过负载,只在电源内部流动,内部电阻很小,会使电流很大,强大的电流可能使电源或电路受到损坏,或引起火灾。

6. 预防措施

(1)加大员工对站台门系统的技术知识培训,总结需要培训的重点,熟知设备原理。

(2)平时多积累经验。

①有故障亲自动手解决,提高判断力和动手能力。

②多参加施工和测试工作,便于把理论与实践相结合。

③与厂家或师傅共同处理故障时,要多问、多看、多听、多做,做好必要记录,便于以后自己解决疑难问题。

(3)针对此次故障进行深入分析,以此次为契机,深入研究是否还有其他类似问题并未得到重视,加以改进。

**想一想**

为什么IBP操作优先级高于PSL？信号系统如何实现控制站台门的开、关门？

## 学习任务二 电源系统故障处理案例

1. 故障概况

昌平线站台门电源系统上、下行PSC断路器跳闸报警，PSC断路器跳闸，监视功能失效。

2. 原因分析

(1)故障产生的直接原因与逻辑分析。

电源系统故障是通过MCB辅助点的无源干接点触点通断来进行监视的。当触点处于正常状态时，电源系统出现故障，MCB辅助点触点断开，正常报警；当触点处于不正常状态时，将会造成不正常报警，此故障是MCB辅助点无源干接点损坏造成的。

(2)故障直接原因产生因素分析。

因辅助点只是PSC断路器跳闸监视功能的一个小环节，起到了一个无源干接点作用，且控制电压为24V，而辅助点型号为ABBHK45011-L，可通过125V/0.55A，因此并不是监视回路电压过高导致辅助点损坏造成。通过拆解故障辅助点也可以确定内部无烧蚀现象，辅助点闭合后再次用力上推扳把，使用多功能表测量可导通，松开后无法导通，确定故障原因为辅助点接触不良。

3. 处理经过介绍

(1)信息获得。

综控员报站台门系统PSC断路器跳闸报警。

(2)先期故障预判断及准备内容。

检修人员接报后先期预判断有以下7种原因。

①电源柜24V输入故障。

②F15.4PSDC总电源跳闸。

③PSC内其他任意断路器跳闸。

④K20.4B继电器损坏。

⑤K102.6C、K202.6C继电器损坏。

⑥PLC输入、输出模块故障。

⑦断路器辅助点故障。

准备内容：万用表、继电器、工具包、对讲机等。

电源系统电气检修

(3)故障现象确认及初步诊断。

因为 ISCS 未显示其他故障报警,初步排除 PLC 的 I/O 模块故障,且上、下行同时报警,控制站台 1+2 的断路器或继电器故障可能性较大。

(4)故障实际查找过程及确认。

到达站台门设备室后,未发现 PSC"电源故障"指示灯点亮,因此可初步排除电源柜 24V 电压输入故障;进一步检查电源柜 DKD31 控制器显示屏及降压模块未发现异常,用多功能表测量 X10.2 接线端子排电压正常,故完全排除电源柜 24V 电压输入故障。打开 PSC 内部,确认所有断路器及辅助点均处于闭合状态,但 K20.4B 继电器指示灯未正常点亮,故预判故障点在 X10.2 端子排下口至 K20.4B 继电器处,且可排除 F15.4PSDC 总电源跳闸和 PSC 内其他任意断路器跳闸故障。

根据 PSC 原理图及接线图(图 7-16、图 7-17)确认 X10.2 端子排下口至 K20.4B 继电器走向为 X10.2→F15.4B→X15.4→F15.2B 辅助点→F15.4B 辅助点→F15.5B 辅助点→F15.6B 辅助点→K20.4B。将此回路所有接线进行紧固后故障依然存在,因此判断故障可能由硬件引起,依据原理图及接线图,从 F15.4B 开始测量有无 24V 电压,当测量至 F15.4B 辅助点下口(F15.4/14)并未正常测量到 24V 电压时,用通断挡再次测量 F15.4B 辅助点(F15.4/13、F15.4/14 为常开点,辅助点闭合后应导通),发现无法导通,确认此辅助点损坏。将 F15.4B 辅助点短接后,K20.4B 继电器指示灯正常点亮,确认此条回路导通且故障点为 F15.4B 辅助点损坏,但此时 PSA 显示下行仍报 PSC 断路器跳闸报警。通过此现象可以判断,先前报出的上、下行 PSC 断路器跳闸报警其中一个原因为 F15.4B 辅助点损坏。由于 F15.2B、F15.4B、F15.5B、F15.6B、K20.4B 及辅助点控制上、下行,因此其中一个出现故障后上、下行均出现报警。短接故障元件后上行故障消除,但下行故障依然存在,说明下行断路器依然存在故障,根据原理图及接线图可知,下行断路器自 F100.4A 至 K102.6C 故障。

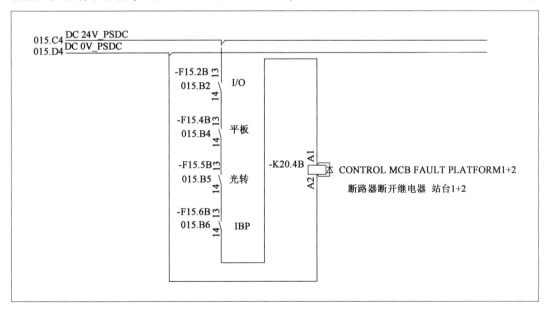

● 图 7-16 PSC 原理图及接线图①

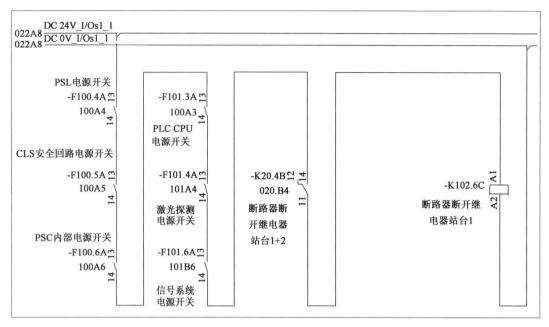

● 图7-17 PSC原理图及接线图②

根据现象怀疑故障原因依旧为辅助点损坏,依照上述方法检测后发现F101.4A辅助点无法导通,短接后故障消除,至此,上、下行PSC断路器跳闸报警故障全部修复。

因更换辅助点需进行断电操作,为了暂时恢复PSC断路器跳闸报警监视功能,以防止意外发生时因监视功能失效而导致更大的损失,且因F101.4A辅助点为下行PEDC所用(下行侧站台暂未使用),故暂将F15.4B辅助点、F101.4A辅助点短接,同时安排维修部人员每1h进行一次巡视,当天停运后进行辅助点更换工作。

(5)故障排除方法及结果。

上、下行PSC断路器跳闸报警,最有可能的原因是控制站台1+2的4个断路器中的一个或几个有跳闸现象。通过ISCS、PSC指示灯或PSA故障记录可以先初步确定故障是否由PLC或控制电源引起,如排除上述原因,打开PSC内部查看是否有断路器跳闸,如无跳闸现象,那么故障原因可能为辅助点或继电器损坏,通过逐步测量电压可确定故障点。

4. 注意事项

(1)本案例检修过程中的误判及不妥之处。

此故障处理流程不合理,检查故障点的范围太大,没有针对性,虽然找到了故障点,解决了故障,但延误了不少时间,应吸取以下教训。

①不能盲目进行故障判断。

②排查故障点要有正确顺序,不能想查哪里就查哪里,这样会延误最终故障点的确定时间。

(2)故障处理优化解决方案。

确认PLC、24V输入电源、断路器均未出现故障,那么最可能的原因是这条监视回路有虚接或断点,使用万用表从这条回路电源引入处开始查找,可快速查找确认故障位置,这对故障处理或临时处置方法的选择起到了重大的作用。

5. 专家提示

1)此类故障正确处理的方法及关键步骤

(1)在 ISCS 或巡视时查看报警记录,若出现此类故障,可先初步确认是否由 PLC 或 24V 电源输入故障引起,如是,则根据相应报警信息或指示灯状态进行进一步排查。

(2)打开 PSC 内部查看是否有断路器跳闸,如有,进行试送,恢复后需进一步检查,以防故障再次出现。

(3)如无断路器跳闸,用万用表测量 24V 电压,找出故障点。

(4)如仍未查找出故障点,可能是监视回路至 PLC 的 I/O 模块单根返信线故障,可用万用表测量电压进一步排查。

(5)进行站台门电气故障处理尤其是 PSC 的故障处理时,必须携带万用表及电气原理图。此类故障最可能的原因是断路器跳闸,上、下行同时出现控制两侧 PEDC 的断路器跳闸的可能性较大,如只有一侧出现类似故障,可跳过回路的故障排查,使故障排除更快速简单。

2)其他提示

(1)处理故障时,不要盲目相信经验,应根据故障现象分析可能引起的原因,根据图纸一一查找,逐步排除各种可能引起该故障的原因,直至查找到最后的问题。

(2)要多学习下发的资料,充分地了解系统整体及各部分构成。

6. 预防措施

本次故障只是断路器跳闸监视回路出现故障,并未对设备及正常运营造成影响,但通过此次故障应吸取以下教训。

(1)维修部人员对图不熟,快速查找故障原因能力不足,应加强此方面的培训。

(2)专业技术人员对日常可能损坏元件的预估不足,此次损坏的辅助点项目部无备件,从厂家索要备件后保证了当晚更换工作得以完成。

(3)应加强对电气原理的掌握。

基本原理:PSC 内所有断路器跳闸监视功能可大致分为 3 条回路,第一条回路监视控制站台 1+2 的 4 个断路器,其余 2 条回路分别监视上、下行的断路器(每侧 6 个)。清楚这 3 条回路起始和终止位置,对故障排除可起到很大的帮助。

# 附 录

## 附录1　站台门常用术语

| 缩写 | 英文全称 | 中文名称 | 备注 |
|---|---|---|---|
| PSD | platform screen door | 站台门或屏蔽门 | 包括全高站台门和半高站台门 |
| ASD | automatic sliding door | 滑动门 | |
| FIX | fixed door | 固定门 | |
| EED | emergency escape door | 应急门 | |
| MSD | manual secondary door | 端门 | 站台门端门位置的紧急门 |
| PSC | platform screen doors central interface panel | 中央控制盘 | 控制柜包括PEDC和配电盘单元 |
| PSL | platform screen doors local control panel | 就地控制盘 | PSL用于操作所有的站台门 |
| PEDC | platform electrical door controller | 单元控制器 | PEDC运行大多数所需的LCP功能 |
| DCU | door control unit | 门机控制单元或门控器 | |
| LCB | local control box | 就地控制盒 | |
| UPS | uninterrupted power supply | 不间断电源 | |
| SIG | signaling system | 信号系统 | |
| IBP | integrated backup panel | 综合后备盘 | |
| MTBF | mean time between failures | 平均无故障周期 | |
| MDT | mean down time | 平均不可用时间 | |
| MTTR | mean time to repair | 平均恢复前时间 | |
| ISCS | integrated supervision and control system | 综合监控系统 | |

## 附录 2 《轨道交通 站台门电气系统》（GB/T 36284—2018）

《轨道交通 站台门电气系统》（GB/T 36284—2018）扫描下方二维码。

《轨道交通 站台门电气系统》
（GB/T 36284—2018）

## 附录 3 《城市轨道交通站台屏蔽门》（CJ/T 236—2022）

《城市轨道交通站台屏蔽门》（CJ/T 236—2022）扫描下方二维码阅读。

《城市轨道交通站台屏蔽门》
（CJ/T 236—2022）

# 参考文献

[1] 中华人民共和国住房和城乡建设部.地铁设计规范:GB 50157—2013[S].北京:中国建筑工业出版社,2014.

[2] 中华人民共和国住房和城乡建设部.城市轨道交通站台屏蔽门系统技术规范:CJJ 183—2012[S].北京:中国建筑工业出版社,2012.

[3] 中华人民共和国住房和城乡建设部.城市轨道交通站台屏蔽门:CJ/T 236—2022[S].北京:中国计划出版社,2022.

[4] 中华人民共和国住房和城乡建设部.城市轨道交通技术规范:GB 50490—2009[S].北京:中国建筑工业出版社,2013.

[5] 曲秋莳,许波.城市轨道交通车站设备[M].3版.北京:人民交通出版社股份有限公司,2022.

# 配套实训工作页

## 实训一 城市轨道交通站台门类型认知工作页

姓名：_____　　班级：_____　　成绩：_____

1. 实训目的

通过实地勘察所在城市轨道交通的站台门系统，加深对站台门系统应用情况及类型的认识，培养学生实际分析总结能力。

2. 实训步骤

知识准备：完成附表1-1。

不同类型站台门区分表　　　　　　　　　　　　　　　　　　　附表1-1

| 类型 | 特点 | 高度 | 空气是否流通 | 设置与环控系统的关系 | 设置与车站类型的关系 | 作用 |
|------|------|------|------|------|------|------|
|  |  |  |  |  |  |  |
|  |  |  |  |  |  |  |
|  |  |  |  |  |  |  |
|  |  |  |  |  |  |  |

(1)以小组为单位,以所在城市轨道交通为核心,实地观察记录各条线路的站台门系统。

(2)正确认识并分析站台门系统的分类。

(3)对相关内容进行小组讨论,讨论结果填表汇总。

3.实训设备

所在城市轨道交通各条线路、相关书籍及网络资料等。

4.实训报告

(1)记录指导老师授课重点内容。

(2)学生分组调研站台门系统并讨论。

(3)完成实训调查表(附表1-2)。

某城市轨道交通线路站台门调查表　　　　　　　附表1-2

| 序号 | 项目 | 按结构形式分类 | 按安装方式分类 | 按门体材质分类 |
| --- | --- | --- | --- | --- |
| 1 | 地铁1号线 | | | |
| 2 | 地铁2号线 | | | |
| 3 | 地铁3号线 | | | |
| 4 | 地铁4号线 | | | |
| … | | | | |

# 实训二 国内、外城市轨道交通站台门系统发展认知工作页

姓名：_____ 班级：_____ 成绩：_____

1. 实训目的

通过查阅书籍或上网查阅相关资料，进一步加深对国内、外城市轨道交通站台门系统发展过程的认识以及对站台门系统应用情况的了解，培养学生的自主学习能力以及对资料的分析总结能力。

2. 实训步骤

(1) 以小组为单位，以国内、外城市轨道交通站台门系统为核心，查找相关参考资料及手册。

(2) 查阅相关资料，正确认识并总结国内、外站台门系统的发展过程。

(3) 查阅相关资料，正确认识并总结国内、外站台门系统的应用情况。

(4) 对相关内容进行小组讨论，讨论结果填入附表2-1汇总。

3. 实训设备

城市轨道交通相关资料、书籍、计算机或手机等联网设备。

4. 实训报告

(1) 记录指导老师授课重点内容。

(2) 学生分组查阅资料并讨论。

(3) 完成调查表（附表2-1）。

城市轨道交通站台门系统认知调查表　　附表2-1

| 序号 | 项目 | 调查内容 | | |
|---|---|---|---|---|
| 1 | 国内站台门系统发展过程 | | | |
| 2 | 国内站台门系统应用情况 | 城市 | 站台门系统 | 特点 |
| | | | | |
| | | | | |
| | | | | |
| 3 | 国外站台门系统发展过程 | | | |

续上表

| 序号 | 项目 | 调查内容 | | |
|---|---|---|---|---|
| 4 | 国外站台门系统应用情况 | 城市 | 站台门系统 | 特点 |
| | | | | |
| | | | | |
| | | | | |

5. 课后调研

请完成附表2-2。

**站台门指示灯工作状态调查表**　　　　　　　　　　　附表2-2

| 线路(品牌) | 闪烁 | 亮 | 灭 | 其他 |
|---|---|---|---|---|
| _____号线<br>(　　　) | | | | |
| _____号线<br>(　　　) | | | | |

## 实训三　全高站台门门体结构实训工作页

**姓名：**_____　　**班级：**_____　　**成绩：**_____

1. 实训目的

(1) 了解全高站台门系统功能及安装环境。
(2) 认知全高站台门门体结构组成，了解门体参数。
(3) 能流畅介绍全高站台门门体部件名称及功能。
(4) 掌握全高站台门滑动门系统级控制、站台级控制(PSL及IBP)和手动操作三级操作方式。

2. 实训步骤

(1) 对照教材或学习材料认知全高站台门门体系统各主要部件，熟练门体操作，主要技术参数见附表3-1。

全高站台门主要技术参数　　　　　　　　　　　　　　　附表3-1

| 项目 | 技术参数 |
| --- | --- |
| 滑动门的净开度(mm) | 1900 |
| 端门的净开度(mm) | ≥1100 |
| 探测障碍物的最小厚度(mm) | 5 |
| 开门时间(s) | (2.5±0.1)~(3.5±0.1) |
| 关门时间(s) | (3.2±0.1)~(4.0±0.1) |
| 手动开门力(N) | ≤133 |
| 手动关门力(N) | ≤150 |

(2) 分组(每组5人)复述全高站台门门体部件名称及功能，进行全高站台门滑动门三级操作演练。

3. 实训设备

校内站台门实训室、全高站台门维修实训系统。

4. 实训报告

根据上述操作完成实训报告。

5. 教师现场考核

教师考核评分用表见附表3-2。

教师考核评分用表  附表 3-2

| 项目 | 全高站台门门体结构 | | | | | | | | | | 合计 |
|---|---|---|---|---|---|---|---|---|---|---|---|
| | 滑动门 | | 固定门 | | 应急门 | | 端门 | | 顶箱 | | |
| 考核内容 | 设备指认正确、名称功能表述准确 | 操作规范 | 设备指认正确、名称功能表述准确 | 操作规范 | 设备指认正确、名称功能表述准确 | 操作规范 | 设备指认正确、名称功能表述准确 | 操作规范 | 设备指认正确、名称功能表述准确 | 操作规范 | |
| 满分 | 10 | 15 | 10 | 5 | 10 | 10 | 10 | 10 | 10 | 10 | 100 |
| 互评 | | | | | | | | | | | |
| 教师打分 | | | | | | | | | | | |

## 实训记录

# 实训四　全高站台门门机系统实训工作页

**姓名：**＿＿＿＿＿＿＿＿　　**班级：**＿＿＿＿＿＿＿＿　　**成绩：**＿＿＿＿＿＿＿＿

1. 实训目的

(1) 了解全高站台门门机系统功能。

(2) 掌握全高站台门门机系统结构组成。

(3) 掌握全高站台门门机系统部件名称及主要功能。

(4) 了解全高站台门门机类型：丝杆式门机系统、齿型皮带式门机系统。

2. 实训步骤

(1) 对照教材或学习材料认知全高站台门门机系统零部件。

(2) 操作开关观察全高站台门门机系统运行状况。

(3) 分组(每组 5 人)复述全高站台门门机系统零部件名称以及工作原理。

3. 实训设备

校内站台门实训室、全高站台门维修实训系统。

4. 实训报告

根据上述操作完成实训报告。

5. 教师现场考核

教师考核评分用表见附表 4-1。

教师考核评分用表　　　　　　　　　　　　　　　　　　附表 4-1

| 项目 | 全高站台门门机系统 | | | | | | 合计 |
| --- | --- | --- | --- | --- | --- | --- | --- |
| | 驱动装置 | 传动装置 | 锁紧装置 | 门机控制单元 | 工作原理 | | |
| 考核内容 | 设备指认正确、名称功能表述准确 | 设备指认正确、名称功能表述准确 | 设备指认正确、名称功能表述准确 | 设备指认正确、名称功能表述准确 | 表述准确 | 操作规范 | |
| 满分 | 20 | 20 | 20 | 20 | 10 | 10 | 100 |
| 得分 | | | | | | | |

**实训记录**

## 实训五 半高站台门门体结构实训工作页

姓名：_____  班级：_____  成绩：_____

1. 实训目的

(1)了解半高站台门系统功能及安装环境。

(2)认知半高站台门门体结构组成，了解门体参数。

(3)能流畅介绍半高站台门门体部件名称及功能。

(4)掌握半高站台门滑动门系统级控制、站台级控制(PSL及IBP)和手动操作三级操作方式。

2. 实训步骤

(1)对照课本或学习材料认知半高站台门门体系统各主要部件，熟练门体操作，主要技术参数见附表5-1。

半高站台门主要技术参数  附表5-1

| 项目 | 技术参数 | 项目 | 技术参数 |
| --- | --- | --- | --- |
| 滑动门形式 | 中分双开式 | 探测障碍物的最小厚度(mm) | 5 |
| 滑动门的净高度(mm) | 1500 | 滑动门开启时间(s) | (2.5±0.1)~(3.5±0.1)范围内无级可调 |
| 滑动门的净开度(mm) | 2000 | 滑动门关闭时间(s) | (3.2±0.1)~(4.0±0.1)范围内无级可调 |
| 端门的净开度(mm) | 1200 | 每扇门关门力(N) | ≤150(在门关至行程的1/3后测量) |
| 端门的净高度(mm) | 1500 | | |

(2)分组(每组5人)复述半高站台门门体部件名称及功能，半高站台门滑动门三级操作演练。

3. 实训设备

校内站台门实训室、半高站台门维修实训系统。

4. 实训报告

根据上述操作完成实训报告。

5. 教师现场考核

教师考核评分用表见附表5-2。

教师考核评分用表  附表5-2

| 项目 | 半高站台门门体结构 | | | | | | | | | | 合计 |
| --- | --- | --- | --- | --- | --- | --- | --- | --- | --- | --- | --- |
| | 滑动门 | | 固定门 | | 应急门 | | 端门 | | 顶箱 | | |
| 考核内容 | 设备指认正确、名称功能表述准确 | 操作规范 | 设备指认正确、名称功能表述准确 | 操作规范 | 设备指认正确、名称功能表述准确 | 操作规范 | 设备指认正确、名称功能表述准确 | 操作规范 | 设备指认正确、名称功能表述准确 | 操作规范 | |
| 满分 | 10 | 15 | 10 | 5 | 10 | 10 | 10 | 10 | 10 | 10 | 100 |
| 得分 | | | | | | | | | | | |

## 实训记录

# 实训六　半高站台门门机系统实训工作页

**姓名：**_____　　**班级：**_____　　**成绩：**_____

1. 实训目的

(1) 了解半高站台门门机系统功能。

(2) 掌握半高站台门门机系统结构组成。

(3) 掌握半高站台门门机系统部件名称及主要功能。

(4) 掌握半高站台门门机控制方式。

2. 实训步骤

(1) 对照教材或学习材料认识半高站台门门机系统零部件。

(2) 操作开关观察半高站台门门机系统运行状况。

(3) 分组(每组5人)复述半高站台门门机系统零部件名称以及工作原理。

3. 实训设备

校内站台门实训室、半高站台门维修实训系统。

4. 实训报告

根据上述操作完成实训报告。

5. 教师现场考核

教师考核评分用表见附表6-1。

教师考核评分用表　　　　附表6-1

| 项目 | 半高站台门门机系统 | | | | | | 合计 |
|---|---|---|---|---|---|---|---|
| 考核内容 | 驱动装置 | 传动装置 | 锁紧装置 | 门机控制单元 | 工作原理 | | |
| | 设备指认正确、名称功能表述准确 | 设备指认正确、名称功能表述准确 | 设备指认正确、名称功能表述准确 | 设备指认正确、名称功能表述准确 | 表述准确 | 操作规范 | |
| 满分 | 20 | 20 | 20 | 20 | 10 | 10 | 100 |
| 互评 | | | | | | | |
| 教师打分 | | | | | | | |

## 实训记录

## 实训七　站台门机械系统检修实训工作页

姓名：_____　　班级：_____　　成绩：_____

1. 实训目的

能够独立完成站台门的日、月、季、年等检修内容中的机械检修工作。

2. 实训知识预备

(1)站台门检修操作的安全注意事项。

_____
_____
_____
_____
_____

(2)需要准备哪些常用工具？

_____
_____
_____
_____
_____

(3)站台门机械检修要点。

_____
_____
_____
_____
_____

3. 实训步骤

(1)学生4人一组，分组查阅资料及讨论。

(2)利用实训室站台门设备，针对站台门滑动门进行机械检修工作。

(3)完成实训检修表(附表7-1～附表7-4)。

(4)逐一考核，请学生根据老师的要求完成相关操作。

站台门机械系统检修表(日检)　　　　　　　　附表 7-1

车站名称：　　　　　　　　　　　　　　　　检修日期：

| 序号 | 项目 | 技能考核部分(70分) | | | 素养考核部分(30分) | | |
|---|---|---|---|---|---|---|---|
| | | 考核内容 | 分值 | 得分 | 考核内容 | 分值 | 得分 |
| 1 | 门体检查(70分) | (1)外观完好、玻璃无划伤 | 5 | | 规范:劳保工具整齐完备,检查操作标准 | 5 | |
| | | (2)滑动门门槛导槽内及门槛、门柱密封条与滑动门扇间应无障碍物 | 5 | | 劳动:行动敏捷,不拖沓 | 5 | |
| | | (3)滑动门手动解锁锁眼盖应无松动现象 | 10 | | 安全:检修、工具使用安全 | 5 | |
| | | (4)检查防夹装置、防踏空装置无位移、无破损 | 10 | | | | |
| | | (5)检查门体表面绝缘完好,破损时及时修复 | 10 | | 团队:两人操作,一人防护,一人记录,分工明确 | 5 | |
| | | (6)司机门(某车站)、端门锁机构无缺件、无变形;门体开关无卡阻,门头灯DOI状态与门体状态保持一致 | 10 | | | | |
| | | (7)观察整侧门体启闭同步度(一侧站台所有滑动门的启闭时间差≤0.3s) | 10 | | 精进:检查仔细,标准严格 | 5 | |
| | | (8)检查更换地下车站门体顶端灯带灯管,对问题光源进行修复 | 10 | | 美育:更换后,工艺美观,记录表清晰 | 5 | |
| | 创新意识 | 操作步骤中或对系统提出一定的改进建议,有明显创新意识,额外加5~10分 | 5~10 | | 如有安全事故,一票否决 | | |
| | 总计 | | | | | | |
| | 存在问题与解决措施 | | | | | | |

检修人：　　　　　　　　　　　　　　　　　　　　　　　　　　　　负责人：

站台门机械系统检修表(月检)　　　　　　　　附表 7-2

车站名称：　　　　　　　　　　　　　　检修日期：

| 技能考核部分(70分) | | | | | 素养考核部分(30分) | | |
|---|---|---|---|---|---|---|---|
| 序号 | 项目 | 考核内容 | 分值 | 得分 | 考核内容 | 分值 | 得分 |
| 1 | 安全装置检查(20分) | 检查防夹挡板与防踏空装置螺钉是否齐全,安装是否牢固,有无变形开裂现象 | 20 | | 规范:劳保工具整齐完备,检查操作标准 | 5 | |
| | | | | | 劳动:行动敏捷,不拖沓 | 5 | |
| 2 | 门状态指示灯功能检查(20分) | 检查、测试滑动门的门状态指示灯功能,损坏的进行更换 | 20 | | 安全:检修、更换元件必须断电 | 5 | |
| | | | | | 团队:两人操作,一人防护,一人记录,分工明确 | 5 | |
| 3 | 滑动门功能测试(30分) | (1)每次抽取每侧不同的两道门进行障碍物探测,应满足最小探测厚度为5mm,探测障碍物3次后门体应停止运行 | 30 | | 精进:检查仔细,标准严格 | 5 | |
| | | (2)LCB 各挡位动作灵活,门体开、关时不应抖动,无异常噪声;电动机运行时无异常噪声 | | | 美育:更换后,工艺美观 | 5 | |
| | 创新意识 | 操作步骤中或对系统提出一定的改进建议,有明显创新意识,额外加5~10分 | 5~10 | | 如有安全事故,一票否决 | | |
| | 总计 | | | | | | |
| | 存在问题与解决措施 | | | | | | |

检修人：　　　　　　　　　　　　　　　　　　　　　　负责人：

站台门机械系统检修表(季检)　　　　　附表7-3

车站名称：　　　　　　　　　　　　　　　　　　检修日期：

| 序号 | 项目 | 技能考核部分(70分) | | | 素养考核部分(30分) | | |
|---|---|---|---|---|---|---|---|
| | | 考核内容 | 分值 | 得分 | 考核内容 | 分值 | 得分 |
| 1 | 门体结构外观检查(20分) | (1)清扫滑动门门机总成 | 10 | | 规范:劳保工具整齐完备,检查操作标准 | 5 | |
| | | (2)清理C形导轨表面灰尘 | | | | | |
| | | (3)门悬挂滚轮、门机导轨、皮带无明显磨损痕迹,DCU无破损 | | | | | |
| | | (4)滑动门左、右门扇导靴完整,无破损、无变形 | | | | | |
| | | (5)用手捏齿型皮带张紧度适中;橡胶限位块齐全完好,固定牢固,应保证门体在打开位置时防夹胶条与门立柱平齐 | 10 | | | | |
| | | (6)LCB钥匙及应急门旁路开关固定牢固 | | | | | |
| | | (7)微动开关及行程开关动作灵活、声音清脆 | | | | | |
| | | (8)电动机的输出轴没有松动、位移 | | | | | |
| | | (9)滑动门防挤压胶条固定牢固,无下垂、脱落情况 | | | | | |
| | | (10)滑动门手动解锁机构检查、调整、固定 | | | | | |
| | | (11)惰轮没有松动、位移 | | | | | |
| 2 | 紧固度检查(10分) | 挂件螺栓、门楣螺栓、传动机构、电磁锁锁机构、惰轮以及前、后盖板固定等无松动。 | 10 | | 劳动:行动敏捷,不拖沓 | 5 | |
| 3 | 接线检查(10分) | 空开、LCB开关、应急门旁路开关、电动机、DCU背板、接线端子、直流电源模块、微动开关及行程开关接线牢固,与运动部件无剐蹭,线缆无破损;门机内直流电源模块运行指示灯应点亮 | 10 | | 安全:检修、更换元件必须断电 | 5 | |
| 4 | 间隙检查(10分) | (1)门体与门槛的间隙应不大于(10+2)mm | 10 | | 团队:两人操作,一人防护,一人记录,分工明确 | 5 | |
| | | (2)滑动门防夹胶条与地槛、门扇与门楣无剐蹭现象 | | | | | |
| | | (3)滑动门关闭锁紧后双手扒门,门缝宽度应为2~4mm | | | | | |
| 5 | 功能测试(10分) | 操作滑动门解锁装置后,门体能正常打开,站台侧及轨道侧均能自动复位,30s后应自动关闭,同时门机内时间继电器应处于计时状态 | 10 | | 精进:检查仔细,标准严格 | 5 | |
| 6 | 锁具功能测试(10分) | (1)端门、驾驶室门、应急门关门锁紧正常,钥匙及推杆开门正常 | 10 | | 美育:更换后,工艺美观 | 5 | |
| | | (2)上、下锁销及推杆等动作灵活,闭门器固定牢固,零部件齐全 | | | | | |
| | | (3)门扇开度不大于90°,且能在90°位置定位;端门小于90°时应能自动关闭锁紧 | | | | | |
| | 创新意识 | 操作步骤中或对系统提出一定的改进建议,有明显创新意识,额外加5~10分 | 5~10 | | 如有安全事故,一票否决 | | |
| | 总计 | | | | | | |
| | 存在问题与解决措施 | | | | | | |

检修人：　　　　　　　　　　　　　　　　　　　　负责人：

站台门机械系统检修表(年检)　　　　　　　　　附表7-4

车站名称：　　　　　　　　　　　　　　　　　检修日期：

| 技能考核部分(70分) | | | | | 素养考核部分(30分) | | |
|---|---|---|---|---|---|---|---|
| 序号 | 项目 | 考核内容 | 分值 | 得分 | 考核内容 | 分值 | 得分 |
| 1 | 线缆及桥架检查(10分) | 桥架固定牢固,线缆无破损 | 10 | | 规范:劳保工具整齐完备 | 5 | |
| | | | | | 劳动:行动敏捷,不拖沓 | 5 | |
| 2 | 站台门的固定门、立柱密封胶条(10分) | (1)完整无破损,损坏的进行修复 | 10 | | 安全:检修、更换元件必须断电 | 5 | |
| | | (2)各类门体毛刷完好,损坏的进行修复 | | | 团队:两人操作,一人防护,一人记录,分工明确 | 5 | |
| 3 | 滑动门检查(50分) | (1)门体,门机总成,立柱,以及前、后盖板等部位零部件齐全,螺栓连接可靠 | 10 | | 精进:检查仔细,标准严格 | 5 | |
| | | (2)空气开关分断功能正常,安装及接线牢固,线缆无破损 | 10 | | | | |
| | | (3)直流电动机、惰轮、皮带夹等传动机构各连接紧固件,传动机构动作灵活 | 10 | | | | |
| | | (4)齿型皮带张紧力适中(2kg砝码变形≤15mm) | 10 | | | | |
| | | (5)检测滑动门立柱M16螺栓力矩应达到128N·m | 10 | | 美育:更换后,工艺美观 | 5 | |
| | | (6)地下车站地槛的平面度检查修复,严重的进行更换 | 10 | | | | |
| | | (7)门机前、后盖板变形的修复,严重的进行更换 | | | | | |
| | 创新意识 | 操作步骤中或对系统提出一定的改进建议,有明显创新意识,额外加5~10分 | 5~10 | | 如有安全事故,一票否决 | | |
| | 总计 | | | | | | |
| | 存在问题与解决措施 | | | | | | |

检修人：　　　　　　　　　　　　　　　　　　负责人：

## 实训记录

# 实训八  站台门控制系统操作实训工作页

**姓名:**_____  **班级:**_____  **成绩:**_____

1. 实训目的

(1)掌握站台门控制系统的相关操作与内容。

(2)认知以下控制设备,写出其名称及控制级别。

1._____

2._____

3._____

4._____

2. 实训步骤

(1)学生2人一组,利用实训室站台门设备,针对每种门体的开启和关闭方式,根据控制级别正确选择设备完成各门体开启/关闭,互相检查和纠正。

(2)每位同学各自完成上述工作页的内容,然后4人一组,根据具体情况完成具体任务。

(3)教师考核,可结合编制的具体案例对门体的不同级别开、关门方式进行难度提升考核(附表8-1)。

教师考核用表　　　　　　　　　　　　　　　　　附表 8-1

| 项目 | 滑动门 | | | | | | | | 合计 |
|---|---|---|---|---|---|---|---|---|---|
| | 系统级 | | 紧急级 | | 站台级 | | 就地级 | | |
| 考核内容 | 设备选取正确、名称准确 | 情境选择与操作规范 | 设备选取正确、名称准确 | 情境选择与操作规范 | 设备选取正确、名称准确 | 情境选择与操作规范 | 设备选取正确、名称准确 | 情境选择与操作规范 | |
| 满分 | 10 | 10 | 10 | 10 | 10 | 20 | 10 | 20 | 100 |
| 互评 | | | | | | | | | |
| 教师打分 | | | | | | | | | |

## 实训记录

## 实训九 站台门应急处置实训工作页

姓名：_____　　　班级：_____　　　成绩：_____

1. 实训目的

能够完成站台门常见故障(单扇滑动门无法正常关闭或开启，多扇滑动门无法正常关闭或开启)的处理。

2. 案例分析

请同学们掌握以下内容后再开始实训操作。

(1)某车站多扇站台门无法正常开、关，如果你是工作人员应如何处置？

_____
_____
_____
_____

(2)某地铁车站站台门突然破裂，请说明工作人员面对这种情况应该如何处置。

_____
_____
_____
_____
_____

(3)某地铁车站，随着提示音响起，车门打开，其中一扇站台门并没有打开，十多秒后，提示音再次响起，列车门关闭，外侧的站台门却始终没有打开。列车启动，继续前行，就像什么事情也没有发生过。请分析哪些工作人员有怎样的失误，如果你是工作人员该怎么办？

_____
_____
_____
_____
_____

3. 实训内容

每位同学各自完成上述工作页的内容，然后分为5人或6人一组，根据突发事件情境设置，同学自行确定各自的工作人员角色，利用实训室设备完成相应突发状况处理，交换角色反复练习。

完成后，由教师按组随机选取一种情境进行验收考核(附表9-1、附表9-2)，要求每位同学全部掌握滑动门开、关异常处理办法。

单扇门控制故障应急处置实训考核单　　　　　　　附表9-1

| 技能考核部分(70分) | | | | | | 素养考核部分(30分) | | |
|---|---|---|---|---|---|---|---|---|
| 序号 | 作业程序 | 作业内容 | 评分标准 | 分值 | 得分 | 考核内容 | 分值 | 得分 |
| 1 | 发现故障(10分) | (1)手指:上行单扇门故障门的门状态指示灯 | 未手指或手指错误,扣5分 | 10(扣完为止) | | 规范:手指动作及口呼用语 | 3 | |
| | | (2)口呼:×号门开门/关门故障 | 未口呼或口呼错误,扣5分 | | | | | |
| 2 | 现场处置(60分) | 站台值班员作业 | (1)用对讲机汇报行调 | 未使用对讲机汇报,或者汇报内容错误,扣5分 | 30(扣完为止) | | 规范:按规范操作各级控制设备(3分)。劳动:遵章守纪,耐心等候观察(3分)。安全:安全意识,确认电源状态,穿戴防护装备,正确使用专业工具(3分)。团队:正确上报,服从指挥,应变能力(3分) | 12 | |
| | | | (2)操作LCB由"自动"位到"开门"/"关门"位 | 在故障现象呈现前将钥匙插入,扣5分 | | | | | |
| | | | (3)操作LCB由"开门"/"关门"位恢复到"自动"位 | 未将LCB恢复至"自动"位,扣5分 | | | | | |
| | | | (4)确保乘客全部乘降完毕,保障乘客安全 | 未进行观察,或者口呼错误,扣5分 | | | | | |
| | | | (5)用对讲机汇报综控员 | 未使用对讲机或汇报错误,扣5分 | | | | | |
| | | | (6)操作LCB由"自动"位到"隔离"位 | 未使用钥匙关闭,每个门扣5分 | | | | | |
| | | | (7)手信号发车 | 未执行手信号发车,或手信号执行不准确,扣5分 | | | | | |
| | | | (8)站台等候至少3列车正常通过 | 执行完任务,未等候,扣5分 | | | | | |
| | | | (9)确保列车按时离开站台,安全运行 | 未执行接发列车动作,扣5分 | | | | | |

续上表

| 序号 | 作业程序 | 技能考核部分(70分) | | | | 素养考核部分(30分) | | |
|---|---|---|---|---|---|---|---|---|
| | | 作业内容 | 评分标准 | 分值 | 得分 | 考核内容 | 分值 | 得分 |
| 2 | 现场处置<br>(60分) | 综控员作业 | | 20<br>(扣完为止) | | 规范:按规范操作控制设备(3分)。<br>安全:安全意识,确认电源状态,正确操作设备,有效下达指令(3分)。<br>团队:团结协作,会沟通,服从指挥,应变能力(3分) | 9 | |
| | | (1)通过对讲机向站台值班员下指令,确保乘客安全以及全部乘降完毕 | 未使用对讲机,或者未下达指令,扣5分 | | | | | |
| | | (2)通过广播系统向乘客做安全广播 | 未准确使用广播系统,或播报不连贯,扣5分 | | | | | |
| | | (3)通过对讲机向站台值班员下指令,要求操作LCB或者手动处理 | 未使用对讲机下达指令,扣5分 | | | | | |
| | | (4)指派当值人员现场协助处理 | 未指派,扣5分 | | | | | |
| | | (5)汇报行调,发车 | 未汇报,扣5分 | | | | | |
| | | 行调作业 | | 10<br>(扣完为止) | | 安全:安全意识,关注乘客,提醒作业人员做好防护,有效下达指令(3分)。<br>团队:小组角色明晰,沟通到位,分工明确(3分) | 6 | |
| | | (1)通过对讲机回复站台值班员,并对保证乘客安全做指示 | 未做安全指示,扣10分 | | | | | |
| | | (2)通过对讲机回复综控员,并对不能影响列车运行做指示 | 未做行车指示,扣5分 | | | | | |
| | | (3)通过对讲机回复站台值班员,并对后续观察做指示 | 未做观察指示,扣5分 | | | | | |
| | 创新意识 | 操作步骤中或对系统提出一定的改进建议,有明显创新意识,额外加5~10分 | | 5~10 | | 如有安全事故,一票否决 | | |
| | 总计 | | | | | | | |
| | 存在问题与解决措施 | | | | | | | |

注:团队1人站台值班员角色,1人行车调度员角色,1人综控员角色,1人记录及辅助。

多扇门控制故障应急处置实训考核单　　　　　　　　附表9-2

| 技能考核部分(70分) | | | | | | 素养考核部分(30分) | | |
|---|---|---|---|---|---|---|---|---|
| 序号 | 作业程序 | 作业内容 | 评分标准 | 分值 | 得分 | 考核内容 | 分值 | 得分 |
| 1 | 发现故障<br>(10分) | (1)手指:上行多扇门故障门的门状态指示灯 | 未手指或手指错误,扣5分 | 10 | | 规范:手指动作及口呼用语 | 3 | |
| | | (2)口呼:多扇门开门/关门故障 | 未口呼或口呼错误,扣5分 | | | | | |
| 2 | 现场处置<br>(60分) | 站台值班员作业 | (1)用对讲机汇报行调 | 未使用对讲机汇报,或者汇报内容错误扣5分 | 30<br>(扣完为止) | | 规范:按规范操作各级控制设备(3分)。<br>劳动:遵章守纪,耐心等候观察(3分)。<br>安全:安全意识,确认电源状态,穿戴防护装备,正确使用专业工具(3分)。<br>团队:正确上报,服从指挥,应变能力(3分) | 12 | |
| | | | (2)操作PSL由"自动"位到"开门"/"关门"位 | 在故障现象呈现前将钥匙插入,扣5分 | | | | | |
| | | | (3)操作PSL由"开门"/"关门"位恢复到"自动"位 | 未将PSL恢复至"自动"位,扣5分 | | | | | |
| | | | (4)确保乘客全部乘降完毕,保障乘客安全 | 未进行观察,或者口呼错误,扣5分 | | | | | |
| | | | (5)用对讲机汇报综控员 | 未使用对讲机或汇报错误,扣5分 | | | | | |
| | | | (6)操作LCB由"自动"位到"隔离"位 | 未使用钥匙关闭,每个门扣5分 | | | | | |
| | | | (7)操作PSL由原位到"互锁解除"位 | 未执行互锁解除,或松开钥匙开关导致列车紧急停车,扣10分 | | | | | |
| | | | (8)手信号发车 | 未执行手信号发车,或手信号执行不准确,扣5分 | | | | | |
| | | | (9)站台等候至少3列车正常通过 | 执行完任务,未等候,扣5分 | | | | | |
| | | | (10)确保列车按时离开站台,安全运行 | 未执行接发列车动作,扣5分 | | | | | |
| | | 综控员作业 | (1)通过对讲机向站台值班员下指令,确保乘客安全以及全部乘降完毕 | 未使用对讲机,或者未下达指令,扣5分 | 20<br>(扣完为止) | | 规范:按规范操作控制设备(3分)。<br>安全:安全意识,确认电源状态,正确操作设备,有效下达指令(3分) | 9 | |
| | | | (2)通过广播系统向乘客做安全广播 | 未准确使用广播系统,或播报不连贯,扣5分 | | | | | |
| | | | (3)操作紧急控制盘IBP,由"无效"位到"有效"位,并按压"开门"/"关门"按钮 | 未按流程操作IBP,扣5分 | | | | | |

续上表

| 序号 | 作业程序 | 技能考核部分(70分) | | 评分标准 | 分值 | 得分 | 素养考核部分(30分) | 分值 | 得分 |
|---|---|---|---|---|---|---|---|---|---|
| | | 作业内容 | | | | | 考核内容 | | |
| 2 | 现场处置<br>(60分) | 综控员作业 | (4)通过对讲向站台值班员下指令,要求操作LCB手动处理 | 未使用对讲机下达指令,扣5分 | 20<br>(扣完为止) | | 团队:团结协作,会沟通,服从指挥,应变能力(3分) | 9 | |
| | | | (5)通过调度电话上报行调,IBP操作无效,现场手动处理 | 未正确上报信息,扣5分 | | | | | |
| | | | (6)指派当值人员现场协助处理 | 未指派,扣5分 | | | | | |
| | | | (7)汇报行调,操作互锁解除发车 | 未汇报,扣5分 | | | | | |
| | | 行调作业 | (1)通过对讲机回复站台值班员,并对保证乘客安全做指示 | 未做安全指示,扣10分 | 10<br>(扣完为止) | | 安全:安全意识,关注乘客,提醒作业人员做好防护,有效下达指令(3分)。<br>团队:小组角色明晰,沟通到位,分工明确(3分) | 6 | |
| | | | (2)通过对讲机回复综控员,并对不能影响列车运行做指示 | 未做行车指示,扣5分 | | | | | |
| | | | (3)通过对讲机回复站台值班员,并对后续观察做指示 | 未做观察指示,扣5分 | | | | | |
| | 创新意识 | 操作步骤中或对系统提出一定的改进建议,有明显创新意识,额外加5~10分 | | | 5~10 | | 如有安全事故,一票否决 | | |
| | 总计 | | | | | | | | |
| | 存在问题与解决措施 | | | | | | | | |

注:团队1人站台值班员角色,1人行车调度员角色,1人综控员角色,1人记录及辅助。

**实训记录**

# 实训十　站台门电源系统实训工作页

姓名：_____　　班级：_____　　成绩：_____

1. 实训目的

(1) 了解站台门电源系统运行原理。

(2) 认知站台门电源系统各部分名称与作用（附图10-1）。

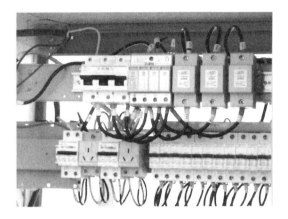

●附图10-1　实训任务图

2. 实训知识预备

(1) 简述电源系统的供电方式。

(2) 电源系统包括_____电源系统与_____电源系统。

(3) 简述驱动电源系统的配电方式。

(4) 简述驱动电源系统的主要组成部分。

3. 实训内容

学生5人一组，利用实训室站台门设备，填写柜子中各主要部分名称，说明其功能。站台门电源系统的检修与故障处理见附表10-1。

站台门电源系统的检修与故障处理　　　　　附表 10-1

| 技能考核部分(70分) | | | | 素养考核部分(30分) | | |
|---|---|---|---|---|---|---|
| 序号 | 考核内容 | 分值 | 得分 | 考核内容 | 分值 | 得分 |
| 1 | 工装穿戴,佩戴工具、安全帽、劳动服 | 10 | | 规范:劳保工具整齐完备,操作标准 | 5 | |
| 2 | 到达现场后汇报当前情况,做好记录 | 10 | | 劳动:行动敏捷,不拖沓 | 5 | |
| 3 | 依照半月检技表对电源系统进行检修检查 | 10 | | 安全:检修、更换元件必须断电 | 5 | |
| 4 | 根据教师设置的故障点,组内汇报当前情况及问题 | 10 | | 团队:两人操作,一人防护,一人记录,分工明确 | 5 | |
| 5 | 依照故障检查流程对电源系统进行故障诊断,判断当前故障问题 | 10 | | 团队:两人操作,一人防护,一人记录,分工明确 | 5 | |
| 6 | 依据判断对故障进行处理,解决当前故障 | 20 | | 美育:更换后,工艺美观 | 5 | |
| 创新意识 | 操作步骤中或对系统提出一定的改进建议,有明显创新意识,额外加5~10分 | 5~10 | | 如有安全事故、一票否决 | | |
| 总计 | | | | | | |
| 存在的问题与解决措施 | | | | | | |

# 实训十一 站台门控制系统电路实训工作页

姓名：＿＿＿＿＿＿＿＿　　班级：＿＿＿＿＿＿＿＿　　成绩：＿＿＿＿＿＿＿＿

## 1. 实训目的

掌握 PSC 内部元件的作用与原理；能够说明主要电路的连接关系。

## 2. 实训知识预备

请同学们掌握以下内容的学习，开始实训操作。

（1）结合安全回路原理图（附图 11-1），说明关闭锁紧回路的主要元件、工作原理。

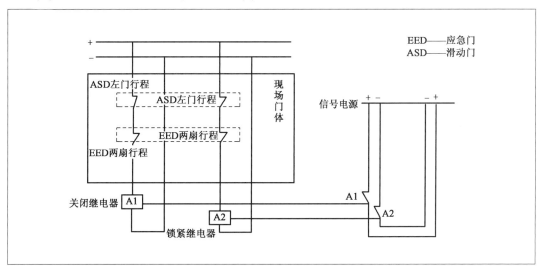

● 附图 11-1　安全回路原理图

（2）回顾前面电路，并思考二次电路读图时的技巧。

## 3. 实训内容

每位同学各自完成上述工作页的内容，然后 4 人一组，识别设备元件。

完成后，由教师按组随机选取一种情境来进行验收考核（附表 11-1），要求每位同学全部掌握滑动门开、关异常处理。

安全回路故障处理实训单　　　　　　　　　　　　附表 11-1

| 序号 | 作业流程 | 技能考核部分(70分) | | | 素养考核部分(30分) | | |
|---|---|---|---|---|---|---|---|
| | | 作业内容 | 分值 | 得分 | 考核内容 | 分值 | 得分 |
| 1 | 工作准备<br>(5分) | (1)工具：选择维修工具 | 2 | | 规范：劳保工具整齐完备。<br>劳动：行动敏捷，不拖沓 | 5 | |
| | | (2)劳保：穿戴劳保用品 | 2 | | | | |
| | | (3)时效：2min 内到现场 | 1 | | | | |

续上表

| 序号 | 作业流程 | 技能考核部分(70分) | | | 素养考核部分(30分) | | |
|---|---|---|---|---|---|---|---|
| | | 作业内容 | 分值 | 得分 | 考核内容 | 分值 | 得分 |
| 2 | 故障诊断作业(30分) | (1)做防护:做好围挡 | 1 | | 安全:处置时,关注乘客,能够有效沟通 | 10 | |
| | | (2)应急处置:单扇门使用LCB应急,多扇门使用PSL应急操作 | 2 | | | | |
| | | (3)望现象:确认门体状态指示灯、PSC、PSL安全回路绿灯(每个1分) | 3 | | | | |
| | | (4)找关键:单扇门指示异常,LCB打至手动位后,确认安全回路状态 | 2 | | 团队:一人操作,一人防护,分工明确 | | |
| | | (5)找关键:确认安全、反信继电器状态,综合确认故障区域 | 4 | | 团队:确认现象时,小组沟通好 | | |
| | | (6)测电路:(二选一)。现场门故障,使用二分法测量(5分)。确认现场门故障点位置(5分) | 5 | | 团队:一人操作,一人防护,一人记录,分工明确。安全:测量时防护到位。设备损坏:通电情况测量电路选择电压挡,乱用挡位会导致设备损坏 | | |
| | | (7)测电路:(二选一)。电源柜测电源、继电器、接线端子(5分)。根据结果确认故障点(5分) | 5 | | | | |
| | | (8)高效性:5min内查找故障源,记录人员准备记录。时间最短小组得满分。其他小组依次减1分。未查出故障0分 | 8 | | | | |
| 3 | 故障处理作业(30分) | (1)断电:准确判断是否需断电处理,拆装、维修元件必须断电 | 5 | | 团队:一人操作,一人防护,一人记录,分工明确。安全:更换元件必须断电。精进:不断提高更换效率。美育:更换后,工艺美观。安全:测试开关门时,关注成员及乘客安全。安全:短接线如不拆除,导致乘客人身伤害 | 10 | |
| | | (2)拆卸:拆卸元件技能熟练,原位置标记 | 5 | | | | |
| | | (3)紧固:确认需更换的元件更换完毕,并紧固,工艺美观 | 5 | | | | |
| | | (4)测试:将安全回路电源送电;正确测试状态 | 5 | | | | |
| | | (5)特殊处理:短接处理时,方式正确。复位后,拆除短接线 | 5 | | | | |
| | | (6)时效性:10min内完成,最快小组5分,依次减1,未完成不得分 | 5 | | | | |
| 4 | 工作复位(5分) | (1)填写任务书,准确描述任务完成情况、使用专业术语 | 2 | | 美育:任务单填写工整。劳动:场地复位细致,无遗留 | 5 | |
| | | (2)场地、工具等复位 | 3 | | | | |
| | 创新意识 | 操作步骤中或对系统提出一定的改进建议,有明显创新意识,额外加5~10分 | 5~10 | | 如有安全事故,一票否决 | | |
| | 总计 | | | | | | |
| | 存在问题与解决措施 | | | | | | |

# 实训十二　站台门控制系统检修操作实训工作页

姓名：_____　　　班级：_____　　　成绩：_____

1. 实训目的

能够独立完成站台门的月度检修内容中的电气检修工作。

2. 实训知识预备

(1) 站台门检修操作的安全注意事项。

(2) 工具准备注意事项。

3. 实训内容

(1) 学生4人一组，分组查阅资料及讨论。

(2) 利用实训室站台门设备，针对滑动门进行电气检修工作。

(3) 完成实训考核单(附表12-1)。

(4) 逐一考核，请学生根据老师的要求完成相关操作。

控制系统检修实训考核单　　　　　　附表 12-1

| 序号 | 作业流程 | 作业内容 | 分值 | 得分 | 考核内容 | 分值 | 得分 |
|---|---|---|---|---|---|---|---|
| | | 技能考核部分(70 分) | | | 素养考核部分(30 分) | | |
| 1 | 工作准备<br>(5 分) | (1)工具:选择维修工具 | 2 | | 规范:劳保工具整齐完备。<br>劳动:行动敏捷,不拖沓 | 5 | |
| | | (2)劳保:穿戴劳保用品 | 2 | | | | |
| | | (3)时效:1min 内到现场 | 1 | | | | |
| 2 | PSC 柜<br>(30 分) | (1)柜内外元件外观无破损、无杂音。 | 5 | | 规范:口述清晰,沟通标准用语。<br>团队:一人操作,一人防护,分工明确。<br>团队:确认现象,小组沟通好 | 15 | |
| | | (2)PSC 指示灯显示正常无报警;操作"试灯按钮"PSC 盘面指示灯全部点亮;PSC 两个"正常"指示灯应全部点亮 | 5 | | | | |
| | | (3)"PSD 测试转换"钥匙开关在"打开"位 | 5 | | | | |
| | | (4)工控机外观良好,运转正常;检查并确认报警记录 | 5 | | | | |
| | | (5)工控机系统时钟应与站台时钟保持一致,误差不应超过 5s | 10 | | | | |
| 3 | PSL<br>(10 分) | (1)内部接线紧固、锁芯固定牢固 | 10 | | | | |
| | | (2)操作 PSL 开关门,钥匙开关灵活可靠,盘面指示灯及 DOI 状态与门体状态一致,对损坏的 DOI 进行更换 | | | | | |
| | | (3)转动互锁开关时,互锁指示灯点亮 | | | | | |
| 4 | IBP<br>(10 分) | (1)各接线端子接线紧固、接线端子无脱落 | 10 | | 安全:设备测温利用红外点温仪测量,元件温度应处于 15~55℃。注意操作中工具的使用及设备的电源状态 | 5 | |
| | | (2)操作"试灯按钮"盘面指示灯全部点亮 | | | | | |
| | | (3)转动钥匙开关,IBP 钥匙开关灵活可靠,指示灯显示与门状态一致,全部门体能够正常开启 | | | | | |
| 5 | LCB<br>(10 分) | 滑动门 LCB 功能测试:LCB 各挡位动作灵活,门体开关时不应抖动,无异常噪声;电动机运行时无异常噪声 | 10 | | | | |
| 6 | 工作复位<br>(5 分) | (1)填写任务书,准确描述任务完成情况、使用专业术语 | 2 | | 美育:任务单填写工整。<br>劳动:场地复位细致,无遗留 | 5 | |
| | | (2)场地、工具等复位 | 3 | | | | |
| | 总计 | | | | | | |
| | 存在问题与解决措施 | | | | | | |

## 实训十三　站台门单扇门故障处理实训工作页

姓名：_____　　班级：_____　　成绩：_____

1. 实训目的

(1)掌握站台门单扇门故障处理的流程和方法。

(2)掌握站台门单扇门故障的原因。

(3)提高对故障的应急处理能力。

2. 实训设备

校内站台门实训室、全高站台门维修实训系统。

3. 实训考核

站台门单扇门故障处理实训单见附表13-1。

站台门单扇门故障处理实训单　　　　　　　　　　　　附表13-1

| 序号 | 作业流程 | 技能考核部分(70分) | | | 素养考核部分(30分) | | |
|---|---|---|---|---|---|---|---|
| | | 作业内容 | 分值 | 得分 | 考核内容 | 分值 | 得分 |
| 1 | 工作准备(5分) | (1)工具:选择维修工具 | 2 | | 规范:劳保工具整齐完备 劳动:行动敏捷,不拖沓 | 5 | |
| | | (2)劳保:穿戴劳保用品 | 2 | | | | |
| | | (3)时效:2min内到现场 | 1 | | | | |
| 2 | 故障诊断作业(25分) | (1)做防护:做好围挡 | 1 | | 安全:处置时,关注乘客,能够有效沟通 团队:一人操作,一人防护分工明确 团队:确认现象时,小组沟通好 团队:一人操作,一人防护,一人记录,分工明确。 安全:测量时防护到位 设备损坏:通电情况测量电路选择电压挡,乱用挡位会导致设备损坏 | 10 | |
| | | (2)应急处置:单扇门使用LCB应急,多扇门使用PSL应急操作 | 2 | | | | |
| | | (3)观现象:确认电源,DCU电源发光二极管状态,确认DCU、电机故障应拉断空气开关 | 2 | | | | |
| | | (4)找关键:查看工控机记录或DCU状态判断故障点 | 5 | | | | |
| | | (5)测电路:现场门故障,进行测量 | 5 | | | | |
| | | (6)确认:确认现场门故障点位置 | 5 | | | | |
| | | (7)高效性:5min内查找故障源,记录人员准备记录。时间最短小组得满分。其他小组依次减1分。未查出故障0分 | 5 | | | | |

续上表

| 序号 | 作业流程 | 技能考核部分(70分) | | | 素养考核部分(30分) | | |
|---|---|---|---|---|---|---|---|
| | | 作业内容 | 分值 | 得分 | 考核内容 | 分值 | 得分 |
| 3 | 故障处理作业(30分) | (1)断电:准确判断是否需断电处理,拆装、维修元件必须断电 | 5 | | 团队:一人操作,一人防护,一人记录,分工明确。安全:更换元件必须断电。精进:不断提高更换效率。美育:更换后,工艺美观。安全:测试开关门时,关注成员及乘客安全 | 10 | |
| | | (2)拆卸:拆卸元件技能熟练,原位置标记 | 5 | | | | |
| | | (3)紧固:确认需更换的元件更换完毕,并紧固,工艺美观 | 5 | | | | |
| | | (4)通电试验:将空气开关送电;确认DCU各个电压指示灯 | 5 | | | | |
| | | (5)处理:试验LCB手动开关门;LCB打"自动"位后确认安全回路 | 5 | | 安全:短接线如不拆除,导致乘客人身伤害 | | |
| | | (6)时效性:10min内完成,最快小组5分,依次减1,未完成0分 | 5 | | | | |
| 4 | 工作复位(10分) | (1)填写任务书,准确描述任务完成情况、使用专业术语 | 5 | | 美育:任务单填写工整。劳动:场地复位细致,无遗留 | 5 | |
| | | (2)场地、工具等复位 | 5 | | | | |
| | 创新意识 | 操作步骤中或对系统提出一定的改进建议,有明显创新意识,额外加5~10分 | 5~10 | | 如有安全事故,一票否决 | | |
| | 总计 | | | | | | |
| | 存在问题与解决措施 | | | | | | |

注:满足以下两种情况本次考核不及格,需重新考核:①使用短接操作后未摘去短接线;②有明显安全失误两项以上,如拆装元件未断电,未穿戴劳保用品等。

# 实训十四　站台门故障处理实训工作页

姓名：_____　　班级：_____　　成绩：_____

1. 实训目的

掌握站台门系统常见故障处理的相关操作与内容。

2. 实训内容

学生 2 人一组，利用实训室站台门设备，针对几种常见故障按操作流程表进行故障应急处理实训。

3. 实训考核

命令控制故障处理实训考核单见附表 14-1，综合性控制故障处理实训考核单见附表 14-2。

命令控制故障处理实训考核单　　　　　　　　　　附表 14-1

| 序号 | 作业流程 | 技能考核部分(70 分) | | 分值 | 得分 | 素养考核部分(30 分) | | 分值 | 得分 |
|---|---|---|---|---|---|---|---|---|---|
| | | 作业内容 | | | | 考核内容 | | | |
| 1 | 工作准备<br>(5 分) | (1)工具:选择维修工具 | | 2 | | 规范:劳保工具整齐完备。<br>劳动:行动敏捷,不拖沓 | | 5 | |
| | | (2)劳保:穿戴劳保用品 | | 2 | | | | | |
| | | (3)时效:2min 内到现场 | | 1 | | | | | |
| 2 | 故障诊断作业<br>(30 分) | (1)做防护:做好围挡 | | 1 | | 安全:处置时,关注乘客,能够有效沟通 | | 10 | |
| | | (2)应急处置:单扇门使用 LCB 应急,多门使用 PSL 应急操作 | | 2 | | | | | |
| | | (3)故障面:查看监控系统情况,确认故障范围,每个 1 分 | | 3 | | | | | |
| | | (4)故障线:单扇门指示异常,LCB 拨至"手动"位后,确认安全回路状态 | | 2 | | 团队:一人操作,一人防护分工明确 | | | |
| | | (5)故障线:确认三级控制继电器,综合确认故障区域 | | 4 | | 团队:确认现象时,小组沟通好 | | | |
| | | (6)故障点:一个故障点检测。现场门故障,使用处理方法进行测量(5 分)。确认现场门故障点位置(5 分) | | 10 | | 团队:一人操作,一人防护,一人记录分工明确。<br>安全:测量时防护到位。<br>设备损坏:通电情况测量电路选择电压挡,乱用挡位会导致设备损坏 | | | |
| | | (7)高效性:5min 内查找故障源,记录人员准备记录。时间最短小组得满分。其他小组依次减 1 分。未查出故障 0 分 | | 8 | | | | | |

续上表

| 序号 | 作业流程 | 技能考核部分(70分) | | | 素养考核部分(30分) | | |
|---|---|---|---|---|---|---|---|
| | | 作业内容 | 分值 | 得分 | 考核内容 | 分值 | 得分 |
| 3 | 故障处理作业(30分) | (1)断电:准确判断是否需断电处理,拆装、维修元件必须断电 | 5 | | 团队:一人操作,一人防护,一人记录分工明确。 安全:更换元件必须断电。 精进:不断提高更换效率。 美育:更换后,工艺美观。 安全:测试开关门时,关注成员及乘客安全 | 10 | |
| | | (2)拆卸:拆卸元件技能熟练,原位置标记 | 5 | | | | |
| | | (3)紧固:确认需更换的元件更换完毕,并紧固,工艺美观 | 5 | | | | |
| | | (4)测试:将控制系统电源送电;正确测试状态 | 5 | | | | |
| | | (5)特殊处理:短接处理时,方式正确。复位后,拆除短接线 | 5 | | 安全:短接线如不拆除,导致乘客人身伤害 | | |
| | | (6)时效性:10min 内完成,最快小组 5 分,依次减 1,未完成不得分 | 5 | | | | |
| 4 | 工作复位(5分) | (1)填写任务书,准确描述任务完成情况、使用专业术语 | 2 | | 美育:任务单填写工整。 劳动:场地复位细致,无遗留 | 5 | |
| | | (2)场地、工具等复位 | 3 | | | | |
| | 创新意识 | 操作步骤中或对系统提出一定的改进建议,有明显创新意识,额外加 5~10 分 | 5~10 | | 如有安全事故,一票否决 | | |
| | 总计 | | | | | | |
| 存在的问题与改进措施 | | | | | | | |

综合性控制故障处理实训考核单　　　　　附表 14-2

| 技能考核部分(70分) | | | | | 素养考核部分(30分) | | |
|---|---|---|---|---|---|---|---|
| 序号 | 作业流程 | 作业内容 | 分值 | 得分 | 考核内容 | 分值 | 得分 |
| 1 | 工作准备(5分) | (1)工具:选择维修工具 | 2 | | 规范:劳保工具整齐完备。劳动:行动敏捷,不拖沓 | 5 | |
| | | (2)劳保:穿戴劳保用品 | 2 | | | | |
| | | (3)时效:2min 内到现场 | 1 | | | | |
| 2 | 故障诊断作业(30分) | (1)做防护:做好围挡 | 1 | | 安全:处置时,关注乘客,能够有效沟通 | 10 | |
| | | (2)应急处置:单扇门使用 LCB 应急,多扇门使用 PSL 应急操作 | 2 | | | | |
| | | (3)故障面:查看监控系统情况,利用智能维保技术,确认故障范围,每个1分 | 3 | | | | |
| | | (4)故障线:单扇门指示异常,LCB 拨至"手动"位后,确认安全回路状态 | 2 | | 团队:一人操作,一人防护分工明确 | | |
| | | (5)故障线:确认三级控制继电器,综合确认故障区域 | 4 | | 团队:确认现象时,小组沟通好 | | |
| | | (6)故障点:一个故障点检测。现场门故障,使用处理方法进行测量(2分)。确认现场门故障点位置(3分) | 5 | | 团队:一人操作,一人防护,一人记录,分工明确。安全:测量时防护到位。设备损坏:通电情况测量电路选择电压挡,乱用挡位会导致设备损坏 | | |
| | | (7)故障点:第二个故障点检测。电源柜测电源、继电器、接线端子(2分)。根据结果确认故障点(3分) | 5 | | | | |
| | | (8)高效性:5min 内查找故障源,记录人员准备记录。时间最短小组得满分。其他小组依次减1分。未查出故障0分 | 8 | | | | |
| 3 | 故障处理作业(30分) | (1)断电:准确判断是否需断电处理,拆装、维修元件必须断电 | 5 | | 团队:一人操作,一人防护,一人记录,分工明确。安全:更换元件必须断电。精进:不断提高更换效率。美育:更换后,工艺美观。安全:测试开关门时,关注成员及乘客安全 | 10 | |
| | | (2)拆卸:拆卸元件技能熟练,原位置标记 | 5 | | | | |
| | | (3)紧固:确认需更换的元件更换完毕,并紧固,工艺美观 | 5 | | | | |
| | | (4)测试:将控制系统电源送电;正确测试状态 | 5 | | | | |
| | | (5)特殊处理:短接处理时,方式正确。复位后,拆除短接线 | 5 | | 安全:短接线如不拆除,导致乘客人身伤害 | | |
| | | (6)时效性:10min 内完成,最快小组5分,依次减1,未完成不得分 | 5 | | | | |

续上表

| 序号 | 作业流程 | 技能考核部分(70分) | | | 素养考核部分(30分) | | |
|---|---|---|---|---|---|---|---|
| | | 作业内容 | 分值 | 得分 | 考核内容 | 分值 | 得分 |
| 4 | 工作复位<br>(5分) | (1)填写任务书,准确描述任务完成情况、使用专业术语 | 2 | | 美育:任务单填写工整。<br>劳动:场地复位细致,无遗留 | 5 | |
| | | (2)场地、工具等复位 | 3 | | | | |
| | 创新意识 | 操作步骤中或对系统提出一定的改进建议,有明显创新意识,额外加5~10分 | 5~10 | | 如有安全事故,一票否决 | | |
| | 总计 | | | | | | |
| 存在的问题与改进措施 | | | | | | | |